ABHANDLUNGEN DER AKADEMIE
DER WISSENSCHAFTEN DER DDR

Veröffentlichungen der Wissenschaftlichen Räte

W 1
1987

Der 40. Jahrestag der Befreiung

Vier Jahrzehnte Entwicklung einer marxistisch-leninistischen Staats- und Rechtswissenschaft in der DDR

Akademie-Verlag Berlin

ABHANDLUNGEN
DER AKADEMIE DER WISSENSCHAFTEN DER DDR

Abteilung Veröffentlichung der Wissenschaftlichen Räte
Jahrgang 1987 Nr. W1

Tagung des Rates
für staats- und rechtswissenschaftliche Forschung
an der Akademie der Wissenschaften der DDR
vom 12. April 1985

Der 40. Jahrestag der Befreiung – Vier Jahrzehnte Entwicklung einer marxistisch-leninistischen Staats- und Rechtswissenschaft der DDR

THEORIA CUM PRAXI

AKADEMIE-VERLAG BERLIN 1987

Herausgegeben im Auftrage des Präsidenten
der Akademie der Wissenschaften der DDR
von Vizepräsident Prof. Dr. Heinz Stiller

Verantwortlich für dieses Heft:
Prof. Dr. Wolfgang Weichelt
Vorsitzender des Rates für staats- und rechtswissenschaftliche Forschung
an der Akademie der Wissenschaften der DDR

ISBN 3-05-000531-9
ISSN 0138-421X

Erschienen im Akademie-Verlag Berlin, Leipziger Str. 3–4, DDR - 1086 Berlin

Lizenznummer: 202 · 100/371/87
Printed in the German Democratic Republic
Gesamtherstellung: VEB Druckerei »Gottfried Wilhelm Leibniz«,
4450 Gräfenhainichen · 6764
LSV 0425
Bestellnummer: 754 7732 (2001/87/1/W)

00750

Inhaltsverzeichnis

Vorwort

Die vorliegenden Beiträge haben das Anliegen, wichtige Stationen und Grundzüge der Herausbildung und Entwicklung eines marxistisch-leninistischen Staats- und Rechtsdenkens, der marxistisch-leninistischen Staats- und Rechtswissenschaft in der DDR aufzuzeigen.

Es wird veranschaulicht, wie sich dieser Prozeß nach der Befreiung vom Hitlerfaschismus im Jahre 1945 auf der Grundlage der revolutionären Umgestaltung der gesellschaftlichen Verhältnisse unter Führung der Arbeiterklasse und ihrer marxistisch-leninistischen Partei vollzogen hat und welche Bedeutung dabei der Existenz und dem Wirken der Sowjetunion in dieser Zeit zukommt. Es wird dargelegt, wie die Sowjetunion den Prozeß der Herausbildung und Entwicklung einer marxistisch-leninistischen Staats- und Rechtswissenschaft in der DDR in vielfältiger Weise unterstützte und förderte. Die Beiträge verdeutlichen, daß sich in den vergangenen vier Jahrzehnten in der Staats- und Rechtswissenschaft eine Entwicklung von historischer Dimension vollzogen hat.

Getragen von gemeinsamen Zielen und der marxistisch-leninistischen Weltanschauung haben sich als lebendiger Ausdruck sozialistischen Internationalismus vielfältige produktive Wissenschafts- und Forschungskooperationen entwickelt. In fester Verbundenheit mit der Sowjetunion gehört die marxistisch-leninistische Staats- und Rechtswissenschaft der DDR zu den Werten und Errungenschaften des Sozialismus und dient der Verwirklichung seiner Friedenspolitik.

Karl-Heinz Schönburg

Befreiung vom Faschismus und Herausbildung einer marxistisch-leninistischen Staats- und Rechtswissenschaft in der DDR
5 Thesen[1]

Die Befreiung vom Hitlerfaschismus durch die Rote Armee und die mit ihr verbündeten Armeen der Antihitlerkoalition im April/Mai 1945 war ein Ereignis von größter historischer Tragweite. Mit der bedingungslosen Kapitulation war der faschistische deutsche Staat militärisch geschlagen, ökonomisch, politisch und ideologisch handlungsunfähig. Es bestand damit die einmalige Chance, Faschismus und Imperialismus für immer in Deutschland zu beseitigen. Ob dies geschah, das hing von der Kraft und Fähigkeit der deutschen Arbeiterklasse und aller Antifaschisten ab, einen revolutionär-demokratischen Staat, ihre eigene antiimperialistische Macht zu errichten und zum sozialistischen Staat fortzuentwickeln.

Mit dem 8. Mai 1945 war der faschistische Krieg in Europa beendet. Ob damit für immer die Möglichkeit ausgeräumt war, daß nie wieder von deutschem Boden ein Krieg ausgeht, das hing davon ab, ob das deutsche Volk fähig war, einen Friedensstaat zu bauen und die ökonomischen und ideologischen Wurzeln für Kriege in Deutschland zu beseitigen.

Unter Führung der Arbeiterklasse und ihrer marxistisch-leninistischen Partei, im breitesten Bündnis mit allen nichtimperialistische, antifaschistische Interessen verfolgenden Klassen, Schichten und Gruppen des Volkes wurde in der sowjetischen Besatzungszone Deutschlands (SBZ), wirksam unterstützt und gefördert durch die UdSSR, die historische Chance des Frühjahres 1945 wahrgenommen und kontinuierlich ein deutscher Friedensstaat errichtet.

Es ist hinlänglich dargestellt, wie sich der Aufbau einer antifaschistisch-demokratischen Staatlichkeit, ihr Hinüberwachsen zur Diktatur des Proletariats, deren Festigung im Prozeß des Aufbaus der Grundlagen des Sozialismus sowie deren qualitativ neuen Züge in der Periode der Gestaltung der entwickelten sozialistischen Gesellschaft vollzogen haben. Dies soll heute nicht Gegenstand der Betrachtung sein.

Die Befreiung vom Faschismus bedeutete auch die Chance, sich von der faschistischen und bürgerlich-imperialistischen Staats- und Rechtsideologie zu befreien und eine marxistisch-leninistische Staats- und Rechtswissenschaft in der SBZ und später in der DDR zu entwickeln. Davon soll im folgenden die Rede sein. Daß sich ein Staats- und Rechtstheoretiker dabei auf die Geschichte seines Wissenschaftszweiges, gleichsam stellvertretend für das Ensemble der staats- und rechtswissenschaftlichen Disziplinen, in erster Linie bezieht, ist genauso seinem begrenzten Wissen geschuldet wie die Tatsache, daß es sich hier nur um einige Streiflichter zum Thema handeln kann. Ich möchte, gleichsam thesenartig, fünf Punkte hervorheben, die mir in diesem thematischen Zusammenhang wichtig erscheinen.

I.

Die Existenz und das Wirken der UdSSR waren eine grundlegende begünstigende Bedingung nicht nur für den Aufbau einer antifaschistisch-demokratischen und später sozialistischen Staatsmacht, sondern auch für die Herausbildung einer marxistisch-leninistischen Staats- und Rechtstheorie.

Die Rolle der UdSSR in diesem Prozeß hat verschiedene Dimensionen:.

- Der Sieg der UdSSR im zweiten Weltkrieg und das gestiegene internationale Ansehen des ersten sozialistischen Staates in der Welt wirkten als Vorbild für deutsche Antifaschisten, gleichsam als praktisch-historischer Beweis für die Wahrheit proletarischer Staats- und Rechtsauffassungen.
- Die Sowjetische Militäradministration in Deutschland (SMAD) und ihre Staats- und Justizfunktionäre haben den Prozeß der Aneignung marxistisch-leninistischer Staats- und Rechtsauffassungen in vielfältiger Weise gefördert. Die SMAD-Befehle als Bestandteile des antifaschistisch-demokratischen Rechts wirkten nicht selten als Übermittlung normierter Staats- und Rechtstheorie. So etwa der SMAD-Befehl 49 vom 4. 9. 1945, mit dem das Institut der richterlichen Unabhängigkeit in qualitativ neuer Weise, nämlich als Bindung an die Gesetze und Verantwortlichkeit vor dem Volk bei gleichzeitiger Ablehnung der Unabsetzbarkeit der Richter und aller Richterprivilegien, rechtsverbindlich definiert wurde. Die ständige Warnung der SMAD-Funktionäre, sowjetische Erfahrungen auf dem Gebiete des Staates und Rechts einfach schematisch auf die Nachkriegsverhältnisse in Deutschland zu übertragen, trug nicht unerheblich dazu bei, dogmatische und unhistorische Handhabungen staats- und rechtstheoretischer Leitsätze zu vermeiden.
- Es ist auch zu vermerken, daß die UdSSR durch ihren SWA-Verlag staats- und rechtstheoretische Arbeiten der Klassiker des Marxismus-Leninismus in deutscher Sprache publizierte und so uns half, proletarische Staats- und Rechtsauffassungen an den Quellen zu studieren. Dies wurde sehr bald ergänzt durch Publikationen sowjetischer Autoren über Fragen des Staates und Rechts.
- Später, in der Periode des Aufbaus der Grundlagen des Sozialismus, hielten sowjetische Gastprofessoren Vorlesungen in Leipzig, Babelsberg und Berlin; übernahmen die Betreuung von Aspiranten in der DDR; junge Kader aus der DDR wurden in der UdSSR zu Staats- und Rechtswissenschaftlern herangebildet.
- Nach 1951 setzte dann eine breite Rezeption der marxistisch-leninistischen Staats- und Rechtstheorie, wie sie in der UdSSR existierte, sowie der sowjetischen Staats- und Rechtswissenschaft ein. Diese Rezeption erfolgte in vielfältigen Formen. Es erschienen wichtige Übersetzungen von Arbeiten sowjetischer Wissenschaftler, sowjetischer Lehrbücher und Standardwerke sowie zahreiche Artikel, vor allem in dem eigens zu diesem Zweck geschaffenen „Rechtswissenschaftlichen Informationsdienst“. Die Verbreitung russischer Sprachkenntnisse unter den Staats- und Rechtswissenschaftlern machte es nach und nach möglich, selbständig sowjetische rechtswissenschaftliche Positionen kennenzulernen.

Die Übernahme der Arbeitsergebnisse sowjetischer Staats- und Rechtswissenschaftler erfolgte dabei allerdings einschließlich jener dogmatischen Verengungen, die in der Zeit des Personenkults um Stalin in methodologischer sowie theoretischer Hinsicht eingetreten waren.

Es muß, will man den Stellenwert der Rezeption der staats- und rechtswissenschaftlichen Arbeitsergebnisse in der UdSSR bei der Entwicklung unserer eigenen marxistisch-leninistischen Staats- und Rechtswissenschaft fixieren, allerdings zugleich hervorgehoben werden, daß wir von den sowjetischen Genossen auch bei der Überwindung von Personenkulterscheinungen auf dem Gebiete der Staats- und Rechtstheorie sowie der Staats- und Rechtswissenschaft gelernt haben.

– Auf diesen Fundamenten aufbauend entwickelte sich schließlich die Kooperation von Staats- und Rechtswissenschaftlern der UdSSR und der DDR, eingebunden nicht selten in eine multilaterale Zusammenarbeit im Rahmen der sozialistischen Länder, zum Nutzen der marxistisch-leninistischen Wissenschaft von Staat und Recht in der Sowjetunion, bei uns und in der sozialistischen Staatengemeinschaft.

II.

So wie der revolutionäre Prozeß der Staats- und Rechtsentwicklung nach 1945 der Führungsrolle der Partei der Arbeiterklasse notwendig bedurfte, ist auch die Herausbildung marxistisch-leninistischer staats- und rechtstheoretischer Auffassungen untrennbar mit der Partei der Arbeiterklasse verbunden. Entwicklung der Partei der Arbeiterklasse und der marxistisch-leninistischen Staats- und Rechtstheorie bedingen einander, denn die revolutionäre Partei der Arbeiterklasse ist die Trägerin der wissenschaftlichen Weltanschauung der Arbeiterklasse, deren Bestandteil unter anderem auch die Staats- und Rechtstheorie ist. KPD und SED haben bewirkt, daß die wissenschaftlichen Auffassungen der Arbeiterklasse über die grundlegenden objektiven Gesetzmäßigkeiten des Staates und Rechts in unserem Lande verbreitet wurden. Dies war zugleich der Prozeß der qualitativen Reifung der Partei zu einer Partei neuen Typus.

Indem die Partei der Arbeiterklasse in ihren Beschlüssen stets von den allgemeingültigen, in Siegen wie Niederlagen gewonnenen Erfahrungen über die revolutionäre Beseitigung des imperialistischen Staates und Rechts sowie den revolutionären Prozeß der Errichtung des sozialistischen Staates und Rechts ausging und diese auf die spezifischen Klassenkampfbedingungen in Deutschland nach 1945 anwendete, sind ihre staats- und rechtstheoretisch bedeutsamen Beschlüsse Aneignung, Anwendung und schöpferische Entwicklung der sozialistischen Auffassungen über Staat und Recht in einem. Beispiele dafür sind am Beginn unseres Entwicklungsweges der Aufruf der KPD vom 11. Juni 1945 sowie die im April 1946 angenommenen Grundsätze und Ziele der SED. Es handelt sich in diesen Beschlüssen um angewendete Theorie. Diese Beschlüsse selbst sind keine theoretischen Systeme, keine Lehrbücher. Sie stellten und stellen vielmehr die Aufgabe, die in ihnen enthaltene Theorie zu heben, sichtbar zu machen, zu verbreiten, sich anzueignen.

Führende Funktionäre der KPD und SED haben mit ihren Reden und Schriften in vielerlei Weise staats- und rechtstheoretisch gewirkt. Es sei in diesem Zusammenhang auf Arbeiten Otto Grotewohls und Walter Ulbrichts verwiesen. Es müssen aber auch jene Genossen Erwähnung finden, die aus der Emigration oder aus den Konzentrationslagern und Zuchthäusern zurückkehrten bzw. in anderen Formen von den Faschisten verfolgt worden waren und in Funktionen der Staats- und Rechtspraxis Hervorragendes für die Entwicklung der marxistisch-leninistischen Staats-

und Rechtswissenschaft geleistet haben. Hier wären Namen wie Hilde Benjamin, Ernst Melsheimer, Hans Nathan oder — dies mag auf den ersten Blick überraschen — Fritz Selbmann zu nennen.

Wenn von der führenden Rolle der Partei der Arbeiterklasse bei der Entwicklung staats- und rechtstheoretischen Denkens nach 1945 die Rede ist, so muß auch erwähnt werden, daß die wichtigsten staats- und rechtstheoretisch relevanten Arbeiten von K. Marx, F. Engels und W. I. Lenin in großen Auflagen zunächst im Verlag Neuer Weg, dann im Dietz Verlag veröffentlicht wurden, damit der breiten Öffentlichkeit zugänglich waren und außerdem zum Gegenstand von intensiven Schulungen in der Partei, im Staatsapparat sowie in den Massenorganisationen gemacht wurden.

Die Entwicklung der marxistisch leninistischen Staats- und Rechtstheorie in unserem Lande ist nachhaltig von der theoretischen Arbeit Karl Polaks geprägt, der zugleich von 1946 an in wichtigen Parteifunktionen gewirkt hat. Nach seiner Rückkehr aus der sowjetischen Emigration im Jahre 1946 hat er, ausgerüstet mit dem Wissen um die staats- und verfassungstheoretischen Erkenntnisse in der UdSSR, in vielfältiger Weise das marxistisch-leninistische staats- und rechtswissenschaftliche Denken befruchtet. So hat er immer wieder betont und selbst in seinen Arbeiten demonstriert, daß Staats- und Rechtstheorie wissenschaftlich nur als Gesellschaftstheorie betrieben werden kann. Daraus folgte für ihn unausweichlich, Staats- und Rechtstheorie als geschichtliche Wissenschaft zu betrachten. Theorie und Methodologie der bürgerlichen Staats- und Rechtslehre können nur durch eine Vertiefung unseres geschichtlichen Wissens überwunden werden, nur als geschichtliche Wissenschaft sei die Rechtswissenschaft wahre Wissenschaft. Er begriff die marxistisch-leninistische Auffassung von Staat und Recht als Erbin alles Progressiven in der Geschichte des Staats- und Rechtsdenkens, als dessen Aufhebung im Hegelschen Sinne. Er hat das selbst an vielen Beispielen belegt. Und K. Polak war von Anfang an von der notwendigen Einheit von Staats- und Rechtswissenschaft und Staats- und Rechtspraxis überzeugt. Dabei war Praxis für ihn nicht die Oberfläche, das Faktische in der staatlichen Tätigkeit, sondern die ihr innewohnende Gesetzmäßigkeit. Diese ist von der Staats- und Rechtswissenschaft zu erkennen, theoretisch zu verarbeiten und das Ergebnis zur Fortentwicklung in die Staatspraxis einzubringen. K. Polak hat bis zu seinem Tode im Jahre 1963 die Entwicklung einer marxistisch-leninistischen Staats- und Rechtswissenschaft in der DDR nachhaltig beeinflußt. Seine Arbeiten sind auch heute mit Gewinn zu lesen. Er wäre der letzte, der in diesem Zusammenhang darüber erstaunt wäre, daß dabei auch Widersprüchliches in seinen Positionen zutage tritt. Wenn er sich zum Beispiel in seiner „Dialektik in der Staatslehre" mit dem sozialistischen Staat und dem sozialistischen Recht als Ausdruck und Instrument der Gesellschaftsentwicklung befaßte und die Forderung stellte, Staat und Recht von den der Gesellschaft innewohnenden objektiven Gesetzmäßigkeiten her zu analysieren, so litt dieser unabdingbare marxistisch-leninistische Standpunkt bei ihm in der Darstellung und Beweisführung darunter, daß K. Polak nicht in dem erforderlichen Maße zu *konkreten Analysen* der Dialektik von Produktivkräften und Produktionsverhältnissen vorstieß, das konkrete *Entwicklungsniveau* von Klassen und Klassenkräfteverhältnissen *nicht* zum Ausgangspunkt seiner Überlegungen machte. Studiert man diese Arbeit K. Polaks heute, so kann man sich nicht des Eindrucks erwehren, daß Revolution, Gesellschaft und Recht in einer zusehr ausschließlich auf das Wesen gerichteten Schau, ohne Analyse ihrer im tatsächlichen Geschichtsprozeß gegebenen Inhalte vorgestellt werden.

Die führende Rolle der Partei der Arbeiterklasse bei der Herausbildung der marxistisch-leninistischen Staats- und Rechtswissenschaft in unserem Lande ist auch durch Genossen Wissenschaftler geprägt, die sich in harter theoretischer Arbeit, in Auseinandersetzung mit eigenen, zunächst für richtig gehaltenen, in ihrem bürgerlichen Charakter nicht sofort erkannten staats- und rechtstheoretischen Positionen, in einem komplizierten Prozeß der Selbsterkenntnis zu marxistisch-leninistischen Einsichten entwickelten. Dafür ist der Genosse Heinz Such ein markantes und wichtiges Beispiel. Er versuchte, zunächst von der bürgerlichen Interessenjurisprudenz aus zu materialistischen rechtstheoretischen Erkenntnissen vorzustoßen. Es wäre sehr unhistorisch, dies einfach als untauglichen Versuch am untauglichen Objekt abzutun. Die theoretischen Positionen der Arbeiterklasse über Staat und Recht können nicht im Wege des Nachbetens von Leitsätzen gewonnen werden, sie bedürfen der kritischen und selbstkritischen theoretischen Auseinandersetzung mit eigenen bisherigen Standpunkten.

Natürlich war es letztlich ein Irrtum zu glauben, man könne zu materialistisch-dialektischen Standpunkten in der Rechtstheorie gelangen, wenn der Weg der Interessenjurisprudenz fortgesetzt wird. Auf diesen Punkt der Erkenntnis gelangte schließlich H. Such selbst. Er sah ein, daß die Interessenjurisprudenz mit ihrer Rückführung des Rechts auf Interessen und Lebensverhältnisse keineswegs die objektive Gesetzmäßigkeit dieser Lebensverhältnisse aufgedeckt hatte. Sein Weiterfragen nach diesen Gesetzmäßigkeiten stieß schließlich zu den Produktionsverhältnissen und den darauf basierenden Klassenverhältnissen vor, daß heißt zu einer dialektisch-materialistischen These in der Rechtstheorie. Dies gelang H. Such nicht zuletzt deshalb, weil er in vorbildlicher Weise ständig seine wissenschaftliche Arbeit an den Erfordernissen und zum Nutzen der Staats- und Rechtspraxis wie der Gesellschaftsentwicklung in der SBZ und später in der DDR ausrichtete. Es ist daher auch kein Zufall, daß H. Such in Leipzig neben K. Polak derjenige war, der als erster eine marxistisch-leninistische rechtstheoretische Vorlesung hielt. Hier ist seine 1949 veranstaltete „Einführung in den dialektischen Materialismus für Juristen (Methodenlehre)“ genauso zu nennen wie sein 1949/50 abgehaltenes Kolleg zum Thema „Die Entwicklung der Gesellschaft und ihre Gesetze“. Es spricht für das schöpferische Denken H. Suchs, für seine undogmatische Sichtweise, seinen Mut zur theoretischen Erkenntnis, wenn er dabei zum Beispiel die von J. W. Stalin auf seine bekannten vier Grundzüge reduzierte materialistische Dialektik wieder im Leninschen Sinne auszuweiten begann.

Die Führungsrolle der Partei in der Staats- und Rechtswissenschaft wurde nach 1950 zunehmend durch die Ausbildung junger, parteiverbundener wissenschaftlicher Nachwuchskader gefördert. Es darf in diesem Zusammenhang der in Forst Zinna 1951 durchgeführte *erste* Aspirantenlehrgang genannt werden, in dem 15 junge, das heißt um die 25 Jahre alte Nachwuchskader zu kollektiver wissenschaftlicher Arbeit zusammengeführt wurden. Sie hielten dann ab Herbst 1951 mit Beginn des 10-Monate-Studienjahres an den juristischen Fakultäten staats- und rechtstheoretische, zivilrechtliche, strafrechtliche, verwaltungsrechtliche Vorlesungen. Das war zugleich der Beginn juristischer Lehrveranstaltungen, in denen versucht wurde, die einzelnen staats- und rechtswissenschaftlichen Disziplinen systematisch vom Standpunkt des Marxismus-Leninismus aus darzulegen; denn bis 1951 waren die juristischen Fakultäten, von wenigen Ausnahmen abgesehen, von nichtfaschistischen *bürgerlichen* Lehrveranstaltungen geprägt.

Führungsrolle der Partei der Arbeiterklasse in der Staats- und Rechtswissenschaft, dies hieß vor allem, die Beschlüsse der Partei als eine wichtige Grundlage der Arbeit anzuerkennen, sie zu verarbeiten, aber auch an ihrer Vorbereitung als Wissenschaftler mitzuwirken. Es war ein zentrales Anliegen zum Beispiel der Babelsberger staats- und rechtswissenschaftlichen Konferenz des 1958, diese Position in der marxistisch-leninistischen Staats- und Rechtswissenschaft der DDR durchzusetzen. In den Diskussionen damals wurde allerdings auch deutlich, daß es nicht damit getan sein kann, in der staats- und rechtswissenschaftlichen Arbeit einfach dadurch der Verwirklichung der Politik der Partei zu dienen, daß Staat und Recht in einem vordergründig-pragmatischen Sinne wechselnden tagespolitischen Erfordernissen untergeordnet werden. Walter Ulbricht mußte damals in seinem Schlußwort die Dialektik von Staat, Recht und Politik zurechtrücken und für die Arbeit der Partei hervorheben: „Nicht von der Politik, sondern von der Theorie gehen wir aus.“

Wenn K. Polak in seiner „Dialektik in der Staatslehre“ die marxistisch-leninistische Partei und deren Beschlüsse als Verkörperung der objektiven Gesetzmäßigkeiten kennzeichnet, so förderte dies einerseits die Durchsetzung der Führungsrolle der marxistisch-leninistischen Partei und deren Beschlüsse in der theoretischen Arbeit der Juristen. Allerdings ist er nicht der Gefahr der mechanischen Gleichsetzung von Partei, Parteibeschlüssen und objektiven Gesetzmäßigkeiten entgangen. Der subjektive Faktor wurde gleichsam zur objektiven Gesetzmäßigkeit erklärt. In dieser Position war wenig Raum für die notwendige Forderung der Partei der Arbeiterklasse an die marxistisch-leninistische Staats- und Rechtstheoretiker wie die Staats- und Rechtswissenschaftler, ihren Beitrag als Teil der Partei für die Partei zur Erkenntnis der gesetzmäßigen Entwicklung von Staat und Recht in der sozialistischen Gesellschaft zu erbringen.

III.

Die marxistisch-leninistische Staats- und Rechtswissenschaft im allgemeinen wie die Staats- und Rechtstheorie in der DDR im besonderen ist ohne Verarbeitung wissenschaftlicher Traditionen und fortschrittlichen Erbes undenkbar.

In bezug auf die Staats- und Rechtstheorie hieß das 1945 zunächst, die staatstheoretischen Traditionen der KPD zu heben und sich anzueignen, wie sie vor allem seit Brüssel 1935 entwickelt worden waren und im Aufruf der KPD vom 11. Juni 1945 programmatische Gestalt gewonnen hatten.

Damit ist aber bis heute noch längst nicht das vielfältige staats- und insbesondere auch rechtswissenschaftliche Erbe der KPD gehoben. Dies ist zum Beispiel enthalten in der Arbeit der Anwälte der Roten Hilfe; in der parlamentarischen Tätigkeit der KPD, insbesondere im Reichstag der Weimarer Republik und deren verschiedenen Gesetzgebungskommissionen; in großen Gerichtsreden von KPD-Funktionären vor den Organen der bürgerlichen Klassenjustiz, wie der von Eugen Leviné vor dem ihn zum Tode verurteilenden konterrevolutionären Sondergericht; in hochinteressanten rechtswissenschaftlichen Publikationen von KPD-Genossen, wie zum Beispiel Felix Halle. In diesen Arbeiten ist die marxistisch-leninistische Analyse imperialistischen Rechts, seines Klassencharakters wie seiner proletarischen Ausnutzbarkeit verbunden mit der Entwicklung von konzeptionellen Vorstellungen und zum Teil bereits detailliert ausgeformten Instituten zukünftigen sozialistischen Rechts.

Wenn über fortschrittliches Erbe in der Staats- und Rechtswissenschaft gesprochen wird, dann müssen auch die Männer erwähnt werden, die wie Artur Baumgarten oder Erwin Jacobi mit ihrer eigenen wissenschaftlichen Persönlichkeit als Hochschullehrer bürgerlich-demokratische und humanistische Traditionen in unsere Entwicklung eingebracht haben. Auch in der Frage der Erbeaneignung hat sich die Entwicklung unserer Wissenschaft – wie könnte es auch anders sein – widersprüchlich vollzogen, daß heißt als Einheit *und* als Kampf von Gegensätzen. In der antifaschistisch-demokratischen Umwälzung, zum Beispiel im Prozeß der Ausarbeitung der ersten DDR-Verfassung in den Jahren 1948/49, erfolgte ein breites Verarbeiten des fortschrittlichen demokratischen Erbes in bezug auf Staat, Recht und Verfassung. In der Periode des Aufbaus der Grundlagen des Sozialismus ist leider eine retardierende Entwicklung feststellbar. Die Gründe dafür mögen vielfältig gewesen sein. Da spielt sicherlich mit, daß eine Wissenschaft, die noch jung, das heißt unreif ist, zu ihrer eigenen Selbstbehauptung in erster Linie die radikale Abgrenzung gegenüber allem vorangegangenen juristischen Wissen benötigt. Da ist aber insbesondere keinen Moment die Härte der Klassenauseinandersetzung in den fünfziger Jahren zu vergessen, da von der imperialistischen BRD aus alles versucht wurde, um den jungen Arbeiter-und-Bauernstaat, eingebettet in eine globale imperialistische „roll-back-Politik", auszulöschen. Aber auch Nachwirkungen von Auffassungen Stalins und Wyschinskis zum Beispiel über den Charakter der Hegelschen Staats- und Rechtsphilosophie als angeblich aristokratische Reaktion auf die Große Französische Revolution sind nicht zu übersehen. Diese Entwicklung gipfelt 1960/61 in ausgesprochen nihilistischen Positionen gegenüber allem fortschrittlichen vormarxistischen Erbe auf dem Gebiete von Staat und Recht. Diese widersprüchliche Entwicklung hat aber schließlich in den letzten Jahren dazu geführt, daß das progressive Erbe als *eine* Quelle der Wissenschaftsentwicklung auf dem Gebiet des Staats- und Rechtsdenkens anerkannt ist, wenngleich noch nicht in der erforderlichen Breite und Tiefe praktiziert; daß die Erkenntnis herrschend wurde, wonach die Arbeiterklasse auch auf dem Gebiete der Staats- und Rechtswissenschaft Erbin alles Fortschrittlichen und Humanen in der Geschichte des menschlichen Denkens ist.

IV.

Die Herausbildung der marxistisch-leninistischen Staats- und Rechtswissenschaft in unserem Lande vollzog sich von Anfang an in ständiger Auseinandersetzung mit der bürgerlichen Staats- und Rechtswissenschaft. Studiert man etwa die staats- und rechtstheoretischen Publikationen der Jahre 1946 bis 1949, so wird ganz offenkundig, daß sich diese Auseinandersetzung nicht darauf reduzierte, allein etwas Fremdes in und außerhalb des juristischen Denkens der Arbeiterklasse zurückzuweisen, zu widerlegen. Es ging vielmehr dabei stets auch um die Herausarbeitung, Festigung und Fortentwicklung der eigenen Positionen durch den und im ideologisch-theoretischen Klassenkampf. So befaßte sich K. Polak immer wieder mit der apologetischen Staats- und Rechtslehre des deutschen Obrigkeitsstaates, um dadurch den revolutionären Standpunkt der Arbeiterklasse in der Staatsfrage schärfer und genauer zu fixieren. Es ging um Abgrenzung als Teil der eigenen Standortgewinnung. Und, Marxschen Traditionen folgend, wurde diese Auseinandersetzung mehr und mehr unter bewußter Einbeziehung der philosophischen Standorte bürgerlicher Staats- und Rechtstheoretiker geführt.

Dabei war die Situation in jenen Jahren dadurch charakterisiert, daß in der SBZ selbst in vielfältiger Weise bürgerliche Staats- und Rechtsauffassungen existent waren. Der an der Berliner Universität tätige Staatswissenschaftler Hans Peters (CDU), mit dem sich Walter Ulbricht auf der Konferenz in Werder 1948 befaßte, war einer der staats- und rechtstheoretischen Wortführer im Parteivorstand der CDU. Für ihn war der Staat etwas, das jenseits aller Klassen als natürlicher Organismus existierte, der Gemeinschaft und der Vollendung des Lebenszwecks des einzelnen zu dienen bestimmt. Oder da waren naturrechtliche Positionen in der LDPD und CDU – bereits in deren Gründungsdokumenten vom 5. Juli 1945 und vom 26. Juni 1945 artikuliert –, die zum Beispiel in der bekannten Justizdebatte des Thüringer Landtages im November 1947 gegen das antifaschistisch-demokratische Recht und gegen die Beseitigung der Unabsetzbarkeit der Richter von konservativen Funktionären der CDU und LDPD vorgebracht wurden.

Wie vielschichtig allerdings die Problematik der Wirksamkeit bürgerlicher Rechtsauffassungen damals war, mag eine Schrift des Thüringer Generalstaatsanwaltes F. Kuschnitzky (LDPD) „Auf dem Wege zum Menschenrecht" belegen, in der in einer neukantianisch-naturrechtlichen Argumentation, von einer zeitlosen ewigen Rechtsidee ausgehend, die Rechtmäßigkeit und Notwendigkeit der Bestrafung der Nazikriegsverbrecher begründet wurde.

Es fällt auf, daß in unserem Lande keine systematische staats- und rechtswissenschaftliche Auseinandersetzung mit dem nazifaschistischen Staat, seiner Justiz und seinem Recht und speziell seiner Staats- und Rechtswissenschaft stattgefunden hat. Es fehlen noch immer Gesamtdarstellungen zu dieser Thematik. Wichtige und nützliche Detailuntersuchungen können diese nicht ersetzen. K. Polaks Carl-Schmitt-Aufsatz datiert bereits aus dem Jahre 1935, war damals in russisch veröffentlicht und wurde erst 1968 deutsch herausgebracht. Es finden sich lediglich in vielerlei Arbeiten Statements zum nazifaschistischen Staat und Recht und zu Fragen der faschistischen Staats- und Rechtsideologie. Unter den Gründen dafür ist vielleicht auch der zu sehen: Als sich in der DDR ab 1951 eine marxistisch-leninistische Staats- und Rechtswissenschaft als Wissenschaftsdisziplin konstituierte und in nennenswerter Zahl wissenschaftlich tätige Kader zur Verfügung standen, war der Faschismus in der SBZ wie in der DDR längst politisch, ökonomisch, ideologisch mit seinen Wurzeln ausgerottet. Die junge marxistisch-leninistische Rechtswissenschaft hatte zunächst andere Aufgaben dringender zu lösen als die einer systematischen Faschismus-Analyse. Hier gibt es Nachholebedarf. Wir haben bei uns den Faschismus mit der Wurzel ausgerottet. Wir sollten dies auch in der staats- und rechtswissenschaftlichen Arbeit durch entsprechende komplexe Analysen belegen.

Auch die Positivismus-Auseinandersetzung auf und im Gefolge der Babelsberger Konferenz des Jahres 1958 beweist die Grundthese, daß Auseinandersetzung mit der bürgerlichen Staats- und Rechtswissenschaft zur Qualifizierung der eigenen marxistisch-leninistischen Positionen geführt werden muß. Das Weiterleben positivistischer Denkstrukturen in der Staats- und Rechtswissenschaft der DDR war deshalb zu bekämpfen, weil sie auf Apologetik des Bestehenden, auf Beugung unter den Status quo der Entwicklung hinauslaufen, gegen jede Weiterentwicklung der Gesellschaft gerichtet sind und daher Staat und Recht nur äußerlich beschreiben. Staat und Recht werden auf diese Weise letztlich aus der Gesellschaftsentwicklung, deren Element und Bestandteil sie sind und nur sein können, ausgeklammert.

Allerdings kann auch nicht übersehen werden, daß die Charakteristik der gesamten Staats- und Rechtstheorie und Staats- und Rechtswissenschaft der Bourgeoisie, seitdem diese herrschend geworden ist, als positivistisch zu Vereinfachungen in der Analyse der verschiedenartigen Strömungen bürgerlicher Staats- und Rechtsphilosophie in der Gegenwart führen konnte. Für eine derartige Position gab es im Grunde Differenzierungen nicht mehr, zumindest waren sie wissenschaftlich wie politisch unerheblich. Dies geht aber nicht nur an der Wirklichkeit vorbei, es ist auch für Bündnispolitik mit bürgerlicher juristischer Intelligenz gefahrvoll, weil sektiererische Haltungen begünstigend.

Die Staats- und Rechtswissenschaft der DDR hat seit Ende der 50er Jahre in großer Vielfalt und Breite die Auseinandersetzung speziell mit der imperialistischen Staats- und Rechtswissenschaft zu ihrem eigenen Nutzen mit Erfolg geführt.

V.

Der Gesamtprozeß der Herausbildung und Entwicklung der marxistisch-leninistischen Staats- und Rechtswissenschaft im allgemeinen wie der marxistisch-leninistischen Staats- und Rechtstheorie im besonderen ist in vielfältiger Weise durch Dialektik gekennzeichnet.

Es ist dieser Prozeß ein kontinuierlicher, der allerdings zugleich Etappen aufweist, die durch deutliche Unterschiede des Gegenstandes und Differenzierungen in der wissenschaftlichen Bewältigung charakterisiert sind.

Da ist etwa die Periode 1945 bis 1949, da es noch keine systematisch aufgebaute und gegliederte marxistisch-leninistische Staats- und Rechtswissenschaft gab, wohl aber deren Keimformen, wichtige Elemente, konzeptionelle Vorleistungen. Eine Zeit, da sich Marxisten-Leninisten vor allem mit Fragen des Staates und Rechts revolutionär-demokratischen Charakters, als Keimformen einer zukünftigen Diktatur des Proletariats befaßten.

Da ist die Zeit von 1949 bis zur Beendigung der Übergangsperiode vom Kapitalismus zum Sozialismus, da die marxistisch-leninistische Staats- und Rechtswissenschaft in der DDR als systematisch gegliedertes Wissenschaftssystem ins Leben tritt, ihr methodologisches und theoretisch-weltanschauliches Antlitz marxistisch-leninistisch ausprägt, indem sie den sozialistische Staat und sein Recht in der Übergangsperiode mit wachsendem Erfolg wissenschaftlich bearbeitet.

Beide Perioden unterscheiden sich. Sie haben nicht zuletzt rechtswissenschaftliche Erkenntnisse gebracht, die sich auf Staat und Recht in einer bestimmten historischen Entwicklungsetappe beziehen und die daher nicht einfach auf andere Etappen übertragbar sind, z. B. nicht schematisch zur Bewältigung der quantitativ und qualitativ neuen Fragen der Staats- und Rechtsentwicklung in der Periode der Gestaltung der entwickelten sozialistischen Gesellschaft eingesetzt werden können. Zugleich aber haben jene Erkenntnisse den methodologischen und weltanschaulich-theoretischen Erkenntnisstand unserer Wissenschaft bereichert, der eine unverzichtbare Basis heutigen und zukünftigen schöpferischen rechtswissenschaftlichen Arbeitens ist. In dieser Dimension sehe ich in etwa die Dialektik von Kontinuität und Diskontinuität in der Entwicklung der marxistisch-leninistischen Staats- und Rechtswissenschaft in der DDR.

In der Geschichte der Staats- und Rechtswissenschaft unseres Landes sind darüber hinaus Widersprüche in vielfacher Weise Triebkraft der Entwicklung gewesen. Ich konnte darauf in meinen Ausführungen an einzelnen Stellen leider nur andeutend hinweisen. Da wären des weiteren zu nennen: die Dialektik zwischen Nationalem und Internationalem; zwischen Ziel und Gegenwart; zwischen Allgemeinem, Besonderem und Einzelnem; zwischen der Staats- und Rechtstheorie als Bestandteil des Marxismus-Leninismus und ihrer relativen Selbständigkeit; zwischen der Staats- und Rechtstheorie und den juristischen Zweigwissenschaften.

Diese Widersprüche artikulierten sich nicht zuletzt im Austragen unterschiedlicher Auffassungen innerhalb der Staats- und Rechtswissenschaft. Daran teilzunehmen erforderte Mut zur Kritik und Selbstkritik, Mut zum Aufwerfen neuer Fragestellungen, Mut zum Risiko, zum Irtum. Nur wer dies aufbrachte förderte unsere Wissenschaft, gewann den langen Atem und das Durchsetzungsvermögen des intellektuellen Revolutionärs, den wir dringend brauchen und haben, um die großen Aufgaben unserer Gegenwart und Zukunft staats- und rechtswissenschaftlich bewältigen zu helfen.

Indem wir uns bemühen, dies zu sein und zu tun, statten wir heute unseren Dank ab für die Befreiung vom Hitlerfaschismus.

Anmerkungen

1 Um den Charakter als Rede zu erhalten, hat der Autor darauf verzichtet, seine Aussagen im einzelnen in Anmerkungen mit entsprechenden Fundstellen zu belegen.

Wolfgang Weichelt

Der 40. Jahrestag der Befreiung und die nächsten Aufgaben in der Staats- und Rechtswissenschaft

In seinem Beitrag hat Prof. Dr. Schöneburg wichtige Stationen und Grundzüge der Herausbildung und der Entwicklung des marxistisch-leninistischen Staats- und Rechtsdenkens in unserer Republik dargestellt.

Dies ist nicht nur eine Wissensbereicherung und ein Auffrischen von Erlebtem sowie der Versuch, diese wichtigen Stationen in den gesetzmäßigen Gang unserer politischen Geschichte, so wie er sich real vollzogen hat, einzuordnen, sondern mit ihm ist zugleich auch eine bedeutsame Aufgabe gestellt, deren Bewältigung immer dringlicher wird.

Zur theoretischen Aufarbeitung unseres staats- und rechtshistorischen Erbes und unserer staats- und rechtshistorischen Traditionen, die, — wie wir heute wissen —, für die Bewußtseinsbildung und die Entwicklung fester weltanschaulicher Positionen und Überzeugungen der Menschen, vor allem auch jeder neuen Generation, von großer Bedeutung ist, weil auch daraus Handlungsmotivationen mit beachtlicher Triebkraftwirkung erwachsen, gehört heute auch schon die theoretische Aufarbeitung unserer eigenen, noch jungen und noch kurzen Geschichte; nicht nur ihre staatliche und rechtliche Realität, sondern auch deren geistige Widerspiegelung und theoretische Bewältigung. Sie ist selbst Teil dieser Realität und hat sie zugleich maßgeblich mit beeinflußt. Die Sache hat auch noch eine andere Bewandtnis; wenn wir, — was ich für unbedingt erforderlich halte —, an der weiteren Ausformung, Verbreiterung und Festigung der weltanschaulich-theoretischen Grundlagen unserer Wissenschaft künftig erfolgreich arbeiten wollen, dann müssen wir uns verstärkt der Geschichte unseres eigenen marxistisch-leninistischen Staats- und Rechtsdenkens, der Geschichte unserer eigenen Wissenschaft, ihrer Kenntnis und Wertung zuwenden. Sie kann uns bedeutsame Lehren und Erkenntnisse vermitteln, die auch davor bewahren, schon bestandene Bewährungsproben zu wiederholen.

Die Arbeit, die hier zu leisten ist, wird nicht sofort oder kurzfristig zu monumentalen Werten führen, aber es wäre an der Zeit, damit zu beginnen.

Aus der Entwicklung unserer Wissenschaft während der 40 Jahre seit der Befreiung vom Faschismus geht hervor, daß sich die Staats- und Rechtswissenschaft auf der Grundlage und eingebettet in den praktischen Prozeß der revolutionären Umgestaltung der gesellschaftlichen Verhältnisse herausgebildet und entwickelt hat.

Die praktischen Anforderungen der sozialistischen Umgestaltung machten ihre Forderungen auf jeder neuen Stufe des Fortschritts auch an unsere Wissenschaft geltend. An den jeweiligen Umschlagspunkten und Einschnitten dieser Entwicklung waren auch neue theoretische und konzeptionelle Überlegungen notwendig, damit die Wissenschaft unter mehr oder weniger heftigen Auseinandersetzungen diesen jeweils neuen Aufgaben nachkommen, sich an ihrer Lösung aktiv beteiligen und dabei zugleich mit der Überwindung überkommener Positionen ihr marxistisch-leninistisches Profil weiter ausprägen konnte. In einer solchen Periode befinden wir uns auch heute.

Bevor ich dazu einige Bemerkungen mache, möchte ich noch zwei grundsätzliche Aufgaben besonders hervorheben:

Erstens die Tatsache, daß es heute, 40 Jahre nachdem mit der Zerschlagung des Faschismus und seiner Ideologie auch in den Köpfen der Menschen begonnen wurde, eine solide und leistungsfähige marxistisch-leninistische Staats- und Rechtswissenschaft in unserem Lande gibt. Sie gehört wie dieser Staat der Arbeiter und Bauern und diese Rechtsordnung selbst zu den Werten und Errungenschaften des Sozialismus. Die Verantwortung, die uns daraus für den fortwährenden Ausbau und die Festigung des marxistisch-leninistischen Charakters unserer Staats- und Rechtswissenschaft erwächst, der nicht nur ihre Grundpositionen betrifft, sondern sich bis in die Verästelungen ihrer Zweigdisziplinen zeigen und bewähren muß, die Verantwortung, diese Wissenschaft noch bedeutend wirksamer als Waffe in der ideologischen Auseinandersetzung mit der bürgerlichen Staats- und Rechtslehre, vor allem ihren antikommunistischen Ausfällen und Verleumdungen zu gebrauchen und in dieser Auseinandersetzung zugleich weiter auszuformen, muß täglich unsere Arbeit motivieren. Unsere Wissenschaft ist nicht nur dazu da, qualifizierte Juristen auszubilden, die über gediegene Rechtskenntnisse verfügen und das Gebäude der Normen anzuwenden verstehen, sie ist auch und vor allem dazu da, mit dieser Ausbildung parteiliche, politisch-moralische Haltungen, kommunistische Prinzipientreue und Standfestigkeit anzuerziehen, die offensiv die theoretischen und politisch-ideologischen Positionen des Gegners widerlegt und ihn in die Devensive treibt.

Die Existenz einer marxistisch-leninistischen Staats- und Rechtswissenschaft, die in und mit unserer Republik entstanden und gewachsen ist, ist keine profane Selbstverständlichkeit, die erlaubt, auch nur an einer Stelle über die Tatsache hinwegzusehen, daß die Durchsetzung dieser Wissenschaft und ihrer Positionen im geistigen Leben unserer Zeit nur in der Auseinandersetzung mit den am meisten reaktionären, antikommunistischen und aggressiven Staats- und Rechtsideologien erfolgen kann, aus der sich niemand von uns heraushalten kann, wenn er sich nicht seiner politischen Verantwortung entziehen will, die er als marxistischer Wissenschaftler bei uns notwendig trägt.

Das soll nicht wie ein schon oft gehörter Appell aus vergangener Zeit klingen, sondern dieser Appell erhält sein besonderes Gepräge und sein besonderes Gewicht durch unsere Zeit, in der wir heute leben. Wenn sich das Schicksal dieser Welt und der Menschheit an der Frage Krieg oder Frieden entscheidet, und die Staats- und Rechtsideologie der aggressivsten Kreise des Monopolkapitals ein bedeutender Teil ihrer aggressiven Kriegsideologie ist, dann ist auch der theoretische Kampf gegen diese Ideologie und für die Fundierung und Verbreitung der sozialistischen Staats- und Rechtstheorie, einer Staats- und Rechtstheorie des Friedens und des Humanismus, ein aktiver Beitrag für den Kampf zur Sicherung des Friedens und gegen die reale Gefahr, daß die Massen den demagogischen Verdrehungen der Kriegspartei auf den Leim gehen. Daher ist die stärkere Ausarbeitung und der Nachweis des humanistischen Charakters der marxistisch-leninistischen Staats- und Rechtswissenschaft in jeder einzelnen Frage ein Beitrag im Friedenskampf.

Ein *zweiter* Punkt, der aus der geschichtlichen Analyse unserer Wissenschaftsentwicklung besonders deutlich wird, ist die enge Zusammenarbeit mit der Sowjetunion, der sowjetischen Staats- und Rechtswissenschaft. Die enge und unlösbare freundschaftliche Verbundenheit mit dem Lande Lenins und der sowjetischen

Staats- und Rechtswissenschaft ist ein Wesensmerkmal unserer marxistisch-leninistischen Staats- und Rechtswissenschaft. An ihrer Haltung zur Sowjetunion waren deutsche Kommunisten schon zu Zeiten Karl Liebknechts und Ernst Thälmanns zu erkennen und daran sind sie immer zu messen. Das gilt für jeden marxistisch-leninistischen Staats- und Rechtswissenschaftler bei uns und überall in der Welt auch heute.

Das Verhältnis der marxistisch-leninistischen Staats- und Rechtswissenschaft in der DDR zur Sowjetunion ist getragen von den gemeinsamen Zielen und der gemeinsamen marxistisch-leninistischen Weltanschauung, die unsere Parteien, unsere Staaten, unsere Rechtsordnungen und unsere Wissenschaftler verbindet, von aufrichtiger Freundschaft und gemeinsamer Arbeit.

Dieses Verhältnis hat in den 40 Jahren seit der Befreiung eine Entwicklung von wirklich historischer Dimension durchlaufen. Waren wir anfänglich als junge Staats- und Rechtswissenschaftler die Nehmenden und Lernenden, so hat sich heute auf unserem Wissenschaftsgebiet daraus eine echte, tragfähige und sich wechselseitig befruchtende Wissenschafts- und Forschungskooperation entwickelt. Sie als eine kostbare Errungenschaft und Erscheinungsform des sozialistischen Internationalismus zu pflegen, gehört zu unseren wichtigsten Aufgaben. Man kann viel sagen über das internationalistische Wesen des sozialistischen Staates und seines Rechts. Wenn man dabei aber vorbeigeht an der praktischen Wissenschaftskooperation unserer Länder und ihrer Entwicklung, dann bleibt dies alles platonisch und bezieht das verstandesmäßig Erfaßte nicht auf die eigene praktische Arbeit. Die Wissenschaftskooperation mit der Sowjetunion hat auch auf unserem Gebiet inzwischen vielfältige und auch produktive Formen angenommen. Das betrifft sowohl die juristischen Sektionen an den Universitäten als auch die anderen Einrichtungen und Institute und die Mitarbeit von Wissenschaftlern in der praktischen Kooperation der Staats- und Wirtschaftsorgane im Rahmen des RGW.

Die Anfangszeiten gemeinsamer Sammelbände sind auch hier längst vorüber, obwohl auch diese Form im Einzelfall noch ihre Berechtigung hat. Aber die Kooperation ist darüber hinausgewachsen: Es wurden arbeitsteilig gemeinsame Monographien erarbeitet und es wird mehr und mehr zur gemeinsamen Forschung nach vorher vereinbarter Methodik übergegangen, die wirklich vergleichbare gemeinsame Ergebnisse bringt.

Die enge Zusammenarbeit mit der Sowjetunion und den anderen sozialistischen Ländern, die ein charakteristisches Merkmal der Entwicklung auch unserer Wissenschaftsdisziplin darstellt, und die sich auf allen Gebieten weiter verstärken wird, muß künftig noch zielstrebiger auf wechselseitig effektive, für alle Beteiligten nutzbare und nutzbringende Ergebnisse gerichtet werden. Dies um so mehr, da die marxistisch-leninistische Staats- und Rechtswissenschaft in ihren theoretischen Grundlagen und Aussagen auch hinsichtlich des sozialistischen Staates und Rechts keine nationalstaatliche Angelegenheit ist, sondern nur durch gemeinsame Anstrengungen entwickelt und bereichert werden kann. Ihnen müssen die Verallgemeinerung und der Austausch der nationalen Erfahrungen aller sozialistischen Länder zugrundeliegen. Dies ist um so notwendiger, weil uns viele globale Probleme, die sich allesamt im Spannungsfeld der Auseinandersetzung zwischen Imperialismus und Sozialismus bewegen, vor Aufgaben und Fragen stellen, die nur durch gemeinsame Anstrengungen gelöst und beantwortet werden können. Das wird aber auch dadurch erleichtert, daß sich viele Aufgaben, vor denen die sozialistischen Staaten, die sich auf dem Wege der Gestaltung der entwickelten sozialistischen Gesellschaft befinden oder mit ihrer weiteren Vervollkommnung befaßt sind, in ihrem prinzipiellen Inhalt ähnlich geworden sind.

Gerade diese Aufgaben setzen auch die Maßstäbe für die weitere Entwicklung der Staats- und Rechtswissenschaft in unserem Lande. Sie bestimmen die Forschungsplanung und die inhaltliche, konzeptionelle Richtung ihrer Realisierung. Wenn im Rahmen des XI. Parteitags der SED und des Zentralen Forschungsplanes der Gesellschaftswissenschaften 1986 bis 1990 die Frage nach den Aufgaben unserer Staats- und Rechtswissenschaft für die nächsten Jahre gestellt wird, nach wichtigen Kettengliedern und theoretischen Ansatzpunkten der Forschungsarbeit, dann haben wir auszugehen von den Aufgaben der weiteren Gestaltung der entwickelten sozialistischen Gesellschaft, von der theoretischen Konzeption, die auf dem VIII. Parteitag der SED dazu entwickelt und im Programm der Partei auf dem IX. Parteitag formuliert worden ist, und die seitdem die Grundlage unserer gesamten Entwicklung bildet. Wir haben weiter auszugehen von den Ergebnissen, die bei der Verwirklichung der Beschlüsse des X. Parteitages erreicht worden sind. In deren Mittelpunkt steht die Sicherung des Friedens und die weitere Verwirklichung der Hauptaufgabe in ihrer Einheit von Wirtschafts- und Sozialpolitik mit dem Schwerpunkt der ökonomischen Strategie zur raschen Leistungssteigerung unserer Volkswirtschaft.

Das Programm der SED[1] formuliert auch für die Entwicklung der sozialistischen Staatsmacht und unseres Rechts die entscheidenden und unsere wissenschaftliche Arbeit bestimmenden Orientierungen:

1. Die Politik der Partei ist auf die weitere allseitige Stärkung des sozialistischen Staates der Arbeiter und Bauern als einer Form der Diktatur des Proletariats gerichtet, die die Interessen des ganzen Volkes der DDR vertritt.[2]
2. Der sozialistische Staat
   - leitet die planmäßige Entwicklung der Produktivkräfte, fördert den wissenschaftlich-technischen Fortschritt und das stetige Wachstum der Arbeitsproduktivität und entwickelt die sozialistischen Produktionsverhältnisse,
   - erhöht das Bildungs- und Kulturniveau und das sozialistische Verantwortungsbewußtsein der Werktätigen,
   - organisiert die Landesverteidigung und den zuverlässigen Schutz der sozialistischen Ordnung und des friedlichen Lebens der Bürger, schützt das gesellschaftliche und persönliche Eigentum sowie die Rechte und Freiheiten der Bürger,
   - fördert die Zusammenarbeit mit der UdSSR und den anderen Staaten der sozialistischen Gemeinschaft.[3]
3. Die weitere Entfaltung und Vervollkommnung der sozialistischen Demokratie ist die Hauptrichtung, in der sich die sozialistische Staatsmacht entwickelt, da sich all die genannten Aufgaben nur durch das zunehmend bewußte massenhafte und organisierte Schöpfertum der arbeitenden Klassen, der werktätigen Massen des Volkes verwirklichen lassen. Die Mitwirkung der Bürger an der Leitung des Staates und der Wirtschaft in vielerlei Formen wird immer mehr zum bestimmenden Merkmal des Lebens im Sozialismus, heißt es im Programm.[4]
4. Das Programm legt für die Arbeit des Staatsapparates fest, daß deren gesellschaftliche Wirksamkeit durch eine volksverbundene operative, wissenschaftlich begründete und rationell organisierte Arbeitsweise erhöht werden muß, daß Erscheinungen bürokratischen Verhaltens entschlossen bekämpft werden, daß Rechenschaftslegung und öffentliche Kontrolle unabdingbar sind.

Die zentrale Leitung und Planung der gesellschaftlichen Prozesse wird immer mehr auf die sachkundige Entscheidung der Grundfragen konzentriert, Eigenverantwortung und Initiative der örtlichen Staatsorgane, der Kombinate und Betriebe, der Genossenschaften und Institutionen bei der Verwirklichung der staatlichen Aufgaben werden gefördert.[5]

5. Der planmäßige Ausbau der sozialistischen Rechtsordnung und die Gewährleistung der Rechtssicherheit hat diesen Zielen in unserem Lande zu dienen. Die Bekämpfung und Vorbeugung von Rechtsverletzungen und die Erziehung zur freiwilligen Einhaltung der sozialistischen Rechtsnormen zum Schutz des sozialistischen Eigentums, zu bewußter Disziplin und hoher Wachsamkeit gehören zu den wichtigsten Aufgaben der staatlichen Organe und der gesellschaftlichen Organisationen sowie jedes Bürgers. Die Arbeit in dieser Richtung wird noch enger mit der gesellschaftlichen Aktivität zur Durchsetzung der sozialistischen Gesetzlichkeit, der Gewährleistung von Ordnung und Sicherheit verbunden.[6]

Es ist angebracht, diese Orientierung des Parteiprogramms ausführlich in Erinnerung zu rufen, weil sich mitunter durch unbeabsichtigte Verkürzungen in der Sichtweise Einseitigkeiten einschleichen können und es bei der Beratung der Aufgaben und Orientierungen der wissenschaftlichen Arbeit auf dem Gebiet von Staat und Recht für den nächsten Fünfjahrplanzeitraum nur von Nutzen sein kann, diese Orientierung in ihrer Gesamtheit und auch in ihrer Differenziertheit vor Augen zu haben und den Überlegungen und Erörterungen zugrundezulegen. Diese programmatische Orientierung für die Entwicklung unserer Staats- und Rechtsordnung ist selbstverständlich keine sich selbst genügende oder aus sich selbst heraus erklärbare Erscheinung, sondern sie ist fest eingeordnet in die grundlegenden politischen und sozialökonomischen Prozesse und Aufgaben unserer Zeit, aus denen sie hervorwächst und für deren Lösung Staat und Recht gerade die entscheidenden Instrumente sind. Das ist die Sicherung, Gewährleistung und Stabilisierung des Friedens, die Durchsetzung der Prinzipien der friedlichen Koexistenz in der internationalen Politik und die weitere Verwirklichung der Hauptaufgabe in ihrer Einheit von Wirtschafts- und Sozialpolitik, die den Inhalt der Gestaltung der entwickelten sozialistischen Gesellschaft bilden.

Die Verwirklichung dieser beiden grundsätzlichen Aufgaben zur gleichen Zeit macht es notwendig, alle Vorzüge und Triebkräfte, alle Seiten und Bereiche des gesellschaftlichen Lebens, die Produktivkräfte und Produktionsverhältnisse, die sozialen und politischen Beziehungen, die Wissenschaft und das Bildungswesen, die sozialistische Ideologie und Kultur, die Gesamtheit der Arbeits- und Lebensbedingungen und die Landesverteidigung planmäßig und in ihrer objektiven ganzheitlichen Verflechtung und Komplexität auf hohem Niveau zu entwickeln. Betrachten wir die Orientierung, die das Parteiprogramm für die Entwicklung unseres Staates und unseres Rechts gibt und seine bisherige Realisierung durch die praktische Politik der Partei, durch Gesetzgebung, staatliche Leitung und Rechtsverwirklichung von dieser prinzipiellen und übergreifenden gesellschaftspolitischen Warte aus, dann erweist sich, daß sie gerade darauf abzielt, den sozialistischen Staat, die praktische staatliche Leitungsarbeit, unser Recht, seine Anwendung und Verwirklichung so zu vervollkommnen, daß sie als entscheidende Instrumente zur Freisetzung und Entwicklung der spezifischen Triebkräfte des Sozialismus wirksam werden und seine Vorzüge noch besser nutzen und einsetzen. Diese Fragestellung muß auch der Ansatz für die staats- und rechtswissenschaftliche Arbeit, insbesondere für die weitere Forschungsarbeit sein. Dabei müssen wir uns der Frage zuwenden, welchen konkreten Beitrag wir damit zur Vervollkommnung unseres Staates und Rechts im Sinne ihres wirksameren Einsatzes zur Entwicklung der Triebkräfte unseres weiteren gesellschaftlichen Fortschritts, zur Entwicklung der bewußten, schöpferischen Aktivität der Menschen für den Sozialismus leisten.

Im Dezember 1983 hat die Gesellschaftswissenschaftliche Konferenz noch einmal nachdrücklich auf diese Frage aufmerksam gemacht und alle Gesellschaftswissenschaften, mit besonderem Nachdruck aber auch die Staats- und Rechtswissenschaft, aufgefordert, ihren Beitrag zur Entwicklung der Triebkräfte des Sozialismus bedeutend zu erhöhen.[7]

Um diesen Anforderungen zu entsprechen, ist es notwendig, in unserer gesamten staats- und rechtswissenschaftlichen Arbeit, in allen ihren Zweigen noch bewußter und deutlicher als bisher von den qualitativ neuen Bedingungen und Erfordernissen, die die Gestaltung der entwickelten sozialistischen Gesellschaft kennzeichnen, auszugehen und sie zugleich tiefer zu analysieren. Das sind vor allem:

– die Tatsache, daß die Gesellschaft ausschließlich aus werktätigen Klassen und Schichten besteht, deren grundlegende Interessen objektiv übereinstimmen und deren Verwirklichung den Inhalt der Staatspolitik bildet. Diese Übereinstimmung ist aber weder eine unterschiedslose Identität, noch im Bewußtsein der Menschen, im Recht, in der staatlichen Leitungsarbeit von vornherein gegeben. Um so größeres Gewicht kommt der sorgfältigen wissenschaftlichen Analyse des gesamten staatlichen und gesellschaftlichen Mechanismus und der rechtlichen Ausgestaltung seines lebendigen Wirkens zu. Durch ihn wird diese Übereinstimmung auf der Grundlage der Interessen und Ideale der Arbeiterklasse und ihrer Partei als der führenden Kraft der Gesellschaft fortwährend ermittelt, hergestellt und so verwirklicht, daß das aktive schöpferische Handeln der Menschen zum Nutzen der Gesellschaft und zum Nutzen des Sozialismus motiviert, angeregt und entwickelt wird, wobei sich zugleich ein komplizierter und widersprüchlicher Prozeß der sozialen Annäherung der Klassen und Schichten vollzieht.
– die Tatsache, daß die Steigerung der ökonomischen Leistungskraft der Gesellschaft auf dem Wege der intensiv-erweiterten Reproduktion, die die Basis für die weitere schrittweise Verbesserung der materiellen und kulturellen Lebensbedingungen der Menschen und zugleich für die Verteidigungsfähigkeit des Sozialismus bildet, im Mittelpunkt der gesamten gesellschaftlichen und staatlichen Arbeit steht und selbst wiederum maßgeblich davon abhängt, wie vor allem das wissenschaftlich-technische Schöpfertum der Werktätigen stimuliert, ihre Leistungsbereitschaft genutzt, organisiert und auf rationelle Weise in gesellschaftlich wirksame Ergebnisse umgesetzt wird;
– die Tatsache, daß bei wachsender Arbeitsteilung und Differenzierung in allen Bereichen des gesellschaftlichen Lebens und dem steigenden Grad ihrer wechselseitigen Verflechtung die entwickelte sozialistische Gesellschaft immer stärker als ganzheitlicher, komplexer Prozeß gestaltet werden muß, der hohe Anforderungen an die staatliche Leitung, an die Gestaltung und Verwirklichung des Rechts, das Ineinandergreifen seiner Zweige und auch an die Komplexität der staats- und rechtswissenschaftlichen Arbeit stellt. Das erfordert auch die Überwindung bürokratischer Hemmnisse und überorganisierten Leerlaufes;
– die Tatsache, daß das gewachsene und weiter wachsende gesellschaftliche Verantwortungsbewußtsein der Menschen, ihre Einsatzbereitschaft für die Gestaltung der entwickelten sozialistischen Gesellschaft, ihre politische Organisiertheit und Bewußtheit einerseits höhere Forderungen auch an die Effektivität und die

Öffentlichkeit der staatlichen Leitungarbeit stellen und die Beseitigung bürokratischer Hemmnisse und verwaltungsmäßigen Leerlaufs verlangen, andererseits aber dieses Verantwortungsbewußtsein und diese Bereitschaft der Menschen keineswegs gleichmäßig und gleichförmig wachsen, sondern dies auch durch gegenläufige Faktoren gebremst wird, die differenzierte Leitungsmethoden und auch den differenzierten Einsatz rechtlicher Mittel erfordern;

– die Tatsache, daß in diesem gesamten komplizierten Prozeß der weiteren Gestaltung der entwickelten sozialistischen Gesellschaft die Verflechtung und die Wechselwirkung der inneren und äußeren Faktoren und Bedingungen immer enger und intensiver werden, sie immer weniger auseinandergehalten und schon gar nicht voneinander getrennt werden können. Das kommt schon darin zum Ausdruck, daß heute die Sicherung und Gewährleistung des Weltfriedens und die Abwendung eines nuklearen Krieges zur Existenzbedingung der Menschheit schlechthin geworden ist, während gleichzeitig die Verwirklichung der zentralen innenpolitischen Aufgabe sowohl bei uns als auch in den anderen Ländern der sozialistischen Gemeinschaft, die Steigerung des volkswirtschaftlichen Leistungsvermögens eine entscheidende Bedingung für die Gewährleistung des Friedens und die wachsende internationale Ausstrahlungskraft des Sozialismus darstellt.

Unter diesen qualitativen und zugleich konzeptionellen Aspekten ergeben sich für die staats- und rechtswissenschaftliche Forschung und ihre Planung für den Zeitraum 1986 bis 1990 deutliche Schwerpunkte.

Sie gruppieren sich um die Problematik der Entwicklung von Wegen zur weiteren Erhöhung der Wirksamkeit der sozialistischen Staaten und der Ausarbeitung und Vervollkommnung entsprechender rechtlicher Mittel zur Sicherung des Friedens und zur Durchsetzung der Prinzipien der friedlichen Koexistenz in den internationalen Beziehungen. Selbstverständlich und traditionell liegt das Schwergewicht der Arbeit hier zunächst beim Völkerrecht. Die Entwicklung wirksamer völkerrechtlicher Formen der Friedenssicherung, der Rüstungsbegrenzung und Abrüstung stehen dabei im Mittelpunkt. Dennoch wäre es eine verengte Sicht, die Frage der Friedenssicherung nur auf das Völkerrecht zu beschränken. Es wäre auch eine verengte Sicht, die Friedenssicherung nur defensiv auf die Abwendung einer nuklearen Katastrophe zu reduzieren.

Was den ersten Aspekt betrifft, geht es nicht nur um den heutigen Stellenwert des Friedens in der Rechtsordnung überhaupt als Grundbedingung des sozialen Fortschritts der Menschheit, sondern auch darum, ob wir schon alle Möglichkeiten ausgeschöpft haben, um die humanistischen Prinzipien unserer innerstaatlichen sozialistischen Rechtsordnung, unseres Verfassungsrechts, Arbeits- und Familienrechts, der Realität unserer Grundrechte und unserer Rechtssicherheit auch international im Interesse der Friedenssicherung und der Stärkung der Friedenskräfte in der Welt wirksam einzusetzen und zur Geltung zu bringen. Es wäre weiter zu überlegen, wie wir hier auch mit Hilfe der Völkerrechtler zu noch wirksameren und koordinierteren Aktionen kommen können.

Was den zweiten Aspekt betrifft, so ist er mit dem ersten verbunden. Friedenssicherung ist nicht einfach nur Verhinderung eines Kernwaffenkrieges, sondern zugleich auch die Entwicklung einer internationalen Ordnung der Beziehungen zwischen den Staaten und Völkern, die auf den Prinzipien der friedlichen Koexistenz beruht, auch unter Bedingungen, da der Imperialismus als Gesellschaftssystem und ständiger friedensgefährdender Faktor noch existiert. Hier öffnet sich ein weites Feld neuer Fragen der eigenen Differenzierung des Völkerrechts, der internationalen

Wirtschaftsbeziehungen und ihrer Gestaltung sowie des Seerechts. Hier werden wir mehr gefordert, und zu dessen Gestaltung können auch andere, innerstaatliche Rechtszweige manches an Prinzipien und Erfahrungen beitragen, ganz zu schweigen von der Wirksamkeit der internationalen Beziehungen zwischen den sozialistischen Staaten (Internationales Wirtschaftsrecht, RGW).

Solche Sichtweisen müssen stärker in unserem Denken und in unserer praktischen Forschungsarbeit, in den Überlegungen zur Nutzung unserer Ergebnisse eine Rolle spielen, wenn wir selbst auch komplex an unsere eigene Arbeit herangehen wollen.

Einen besonderen und den entscheidenden Schwerpunkt bildet die weitere Ausarbeitung der Gesetzmäßigkeiten der Entwicklung des sozialistischen Staates und Rechts und das tiefere Eindringen in ihre komplexen Wirkungsbedingungen bei der weiteren erfolgreichen Verwirklichung der Hauptaufgabe unter den gegenwärtigen Bedingungen, in deren Mittelpunkt die Durchsetzung der ökonomischen Strategie des X. Parteitages zur raschen Steigerung der Leistungskraft unserer Volkswirtschaft steht. Hier geht es vor allem darum, einen wirksameren Beitrag zu leisten, um die Effektivität und die rationelle Organisation der notwendigen Komplexität in der staatlichen Leitung der gesamten gesellschaftlichen Entwicklung sowie der dafür erforderlichen rechtlichen Mittel zu erhöhen und zugleich die demokratischen Grundlagen und Formen der staatlichen Leitung, der Rechtsbildung und Rechtsverwirklichung systematisch zu erweitern und zu vertiefen. Dabei sollte immer davon ausgegangen werden, daß der Sinn und das Ziel aller staatlichen Leitungstätigkeit im Sozialismus und der Einsatz seiner rechtlichen Mittel letztlich darin besteht, die Triebkräfte des gesellschaftlichen Fortschritts, die schöpferische Aktivität der Menschen zur gemeinsamen Verwirklichung ihrer politischen, ökonomischen und sozialkulturellen Interessen und Bedürfnisse zu entwickeln, ihr sozialistisches gesellschaftliches Verantwortungsbewußtsein zu fördern, sie als kollektiv wirksame gesellschaftliche Kraft rationell zu organisieren und deren größtmögliche Effektivität zu gewährleisten. Wie kompliziert und vielschichtig die staatlichen Leitungsprozesse und vor allem ihre rationelle und effektive Verflechtung auch im einzelnen sein mögen, immer geht es letztlich um die Entwicklung der bewußten, schöpferischen Aktivität der Menschen, ihres Leistungsvermögens, ihrer Leistungsbereitschaft und ihren tatkräftigen Einsatz für die Verwirklichung der gesellschaftlichen Aufgaben. Dieser Einsatz soll auch dem einzelnen gleichermaßen Nutzen bringen.

Die grundlegende Orientierung des Parteiprogramms, wonach die weitere Entfaltung und Vervollkommnung der sozialistischen Demokratie die Hauptrichtung ist, in der sich die sozialistische Staatsmacht entwickelt, bleibt daher auch künftig die prinzipielle Richtschnur unserer staats- und rechtswissenschaftlichen Arbeit.

Entsprechend den gegenwärtigen und weiter zu erwartenden Bedingungen und Erfordernissen bei der Gestaltung der entwickelten sozialistischen Gesellschaft ergeben sich für die wissenschaftliche Durchdringung dieser Problematik einige Schwerpunkte, die in der perspektivischen Planung unserer Arbeit besonderes Gewicht erhalten. Sie haben sowohl auf dem Philosophie-Kongreß 1984 als auch auf dem Soziologenkongreß im Jahre 1985 aus der spezifischen Sicht dieser Wissenschaften eine Rolle gespielt.

1. Es ist von großem Gewicht für die soziale Effektivität des gesamten staatlichen Leitungssystems und die weitere erfolgreiche Verwirklichung der ökonomischen Strategie, daß der demokratische Prozeß der Herausbildung und Verwirklichung der gesamtgesellschaftlichen Interessen im horizontalen und im vertikalen System

unserer staatlichen Leitung genauer und detaillierter analysiert wird, einschließlich seiner Verflechtungen mit dem System der gesellschaftlichen Organisationen und Kräfte. Das ist eine interdisziplinäre Aufgabe, die nur gemeinsam mit Ökonomen, Philosophen und Soziologen gelöst werden kann und die sowohl für die Fragen der Arbeitsteilung im Leitungsprozeß als auch für den gesamten Arbeitsstil der staatlichen Organe bedeutsam ist. Sie korrespondiert in gewisser Weise mit der Analyse der rechtlichen Regelung gesellschaftlicher Verhältnisse unter den gegenwärtigen Bedingungen der Gestaltung der entwickelten sozialistischen Gesellschaft als komplexer sozialer Prozeß, die auch über die traditionellen Formen des rechtlichen Regelungsmechanismus hinaus stärker in das gesellschaftliche Vorfeld der Entstehung von Regelungsbedürfnissen und -notwendigkeiten vordringt. Die von der Staats- und Rechtswissenschaft bereits früher gewonnene Erkenntnis, daß das engere Zusammenwirken von staatlichen Organen und gesellschaftlichen Kräften, Organisationen und Kollektiven der Werktätigen bei der Lösung konkreter, spezifischer und differenzierter staatlicher Aufgaben ein charakteristisches Merkmal staatlicher Leitungstätigkeit bei der Gestaltung der entwickelten sozialistischen Gesellschaft ist, hat sich in der Praxis inzwischen bestätigt. Das zeigen die vielfältigen Initiativen der Arbeiter, Ingenieure und Techniker, vor allem auch der Jugend in den Kombinaten und Betrieben bei der Durchsetzung des wissenschaftlich-technischen Fortschritts, der Erneuerung und Rationalisierung der Produktionsprozesse. Das zeigen aber auch viele Ergebnisse der territorialen Rationalisierung, des „Mach mit!-Wettbewerbs" und andere Erscheinungen unserer Praxis. Hier zeigt sich am Beispiel, wie gesellschaftliche, kollektive und persönliche Interessen bei der Verwirklichung der ökonomischen Strategie wirkungsvoll miteinander verbunden werden, wie staatliche Leitung und gesellschaftliche Kräfte effektiv und unbürokratisch zusammenwirken, um gemeinsame Aufgaben erfolgreich zu lösen. Die Analyse und theoretische Verallgemeinerung solcher und anderer Erfahrungen der Praxis ist nicht nur für die Erkenntnis der gesetzmäßigen Entwicklung des Gesamtsystems der staatlichen Leitung im Sinne der Orientierung des Parteiprogramms außerordentlich bedeutsam, sondern auch für die effektive praktische Organisation des staatlichen Leitungsprozesses und seine rechtliche Gestaltung selbst.

2. In diesem Zusammenhang möchte ich auch die prinzipielle und genauere Analyse des Zusammenhanges zwischen Ökonomie, Recht und Demokratie bei der weiteren Gestaltung der entwickelten sozialistischen Gesellschaft einordnen, die einen besonderen Schwerpunkt unserer Arbeit bilden muß. Mir scheint, daß gerade hier unsere wissenschaftliche Arbeit sich noch bedeutend stärker und prononcierter den Fragen stellen muß, die sich für die Wirksamkeit der staatlichen Leitung und des Rechts hinsichtlich der Organisierung des wissenschaftlich-technischen Fortschritts und der raschen volkswirtschaftlichen Nutzung seiner Resultate ergeben. Ich glaube nicht, daß es ausreicht, wenn dieses Problem mit seinen zahlreichen ökonomischen und sozialen Wirkungen und Voraussetzungen weiterhin nur Gegenstand der damit befaßten Spezialisten bleibt. Es sind größere Anstrengungen notwendig, um die Verbindungsglieder dieser Problematik zu den einzelnen Rechtszweigen ausfindig zu machen und zu einer komplexeren Arbeit auf diesem Gebiet zu gelangen.

3. Ein nicht weniger wichtiges und zentrales Problem auch und gerade unter dem Gesichtspunkt der Entwicklung der schöpferischen Aktivität und der Initiative der Menschen und damit der sozialistischen Demokratie wie auch der Entfaltung der Persönlichkeit ist die Erhöhung der Wirksamkeit unseres Rechts bei der Durch-

setzung des sozialistischen Leistungsprinzips und der Entwicklung der Leistungsbereitschaft der Menschen.
Ich bin der Auffassung, daß diese Frage übergreifenden Charakter besitzt. Sie sollte nicht mehr nur im Arbeitsrecht eine Rolle spielen, sondern von mehreren Rechtszweigen gemeinsam als komplexe Fragestellung mit dem Ziel eines abgestimmten und stärker ineinandergreifenden Wirkens unterschiedlicher rechtlicher Regelungen, beispielsweise auch auf dem Gebiet des Zivilrechts und anderer Zweige, bearbeitet werden.

Wichtig und tragfähig wäre es auch, die juristische Verantwortung als komplexes Thema der Rechtszweige unter dem speziellen Aspekt ihrer Wirksamkeit für die Entfaltung der Triebkräfte des Sozialismus zu untersuchen.

4. Die Entfaltung und Vervollkommnung der sozialistischen Demokratie als Hauptrichtung der Entwicklung unseres Staates zeigt sich heute in besonders prägnanter Weise in der Entwicklung des gesellschaftlichen Lebens in den Städten und Gemeinden und der wachsenden gesellschaftlichen Aktivität der Arbeitskollektive in den Kombinaten, Betrieben, Genossenschaften und Einrichtungen. Die wirksame und komplexe, die Initiative der Menschen fördernde staatliche Leitung gerade an diesen beiden Konzentrationspunkten der Entwicklung schöpferischer Aktivität und sozialistischer Beziehungen zwischen den Menschen weiter zu entwickeln muß in unserer wissenschaftlichen Arbeit der nächsten Zeit einen bedeutenden Platz einnehmen.

5. Im Zusammenhang mit der weiteren Entwicklung und Vervollkommnung der sozialistischen Demokratie und der Erhöhung der Effektivität, Komplexität und Sachkunde der staatlichen Leitungstätigkeit, die selbst ein Bestandteil und eine Bedingung dieser Entwicklung ist, kommt der tieferen theoretischen Durchdringung des demokratischen Zentralismus und der Ausarbeitung seiner heute notwendigen differenzierten praktischen Gestaltung und Verwirklichung große Bedeutung zu. Dabei geht es vor allem darum, den konkreten, sachlichen und sachbezogenen Inhalt dieses Prinzips differenziert auf jeder Leitungsebene und in den verschiedenen Leitungsbereichen zu analysieren und seine Vorzüge für die Entfaltung der Triebkräfte des ökonomischen und sozialen Fortschritts noch besser zu nutzen. Der demokratische Zentralismus dient gerade dazu, das selbständige, schöpferische eigenverantwortliche Handeln auf allen Ebenen und in allen Gliedern des staatlichen Leitungssystems bei der einheitlichen Verwirklichung der gesamtgesellschaftlichen Interessen, der zentralen staatlichen Aufgaben zu fördern und die Komplexität der Leitungsarbeit zu verstärken.

6. Auch die Arbeit an der Verwirklichung und Gewährleistung der verfassungsmäßigen Grundrechte und Grundpflichten der Bürger gewinnt in der vor uns liegenden Zeit weiter an Gewicht, und zwar ebenfalls unter dem Aspekt der Entwicklung des verantwortungsbewußten, aktiven staatsbürgerlichen Handelns und Verhaltens der Menschen, der Entfaltung der spezifischen Triebkräfte des gesellschaftlichen Fortschritts unter den Bedingungen der weiteren Gestaltung der entwickelten sozialistischen Gesellschaft.

In ähnlicher Weise muß auch auf allen anderen Gebieten die Erhöhung der Wirksamkeit der staatlichen Leitung und unseres Rechts für die weitere Entfaltung der Triebkräfte des Sozialismus, der bewußten, schöpferischen Aktivität der Menschen der grundlegende Orientierungspunkt unserer wissenschaftlichen Arbeit in den nächsten Jahren sein. Das reicht bis hin zur wirksameren Bekämpfung und Vorbeugung von Kriminalität und anderen Rechtsverletzungen, der Aufdeckung ihrer wirklichen Ursachen und begünstigenden Bedingungen und die Verstärkung der öffentlichen Bewegung für Ordnung, Sicherheit und die Einhaltung der sozialistischen Gesetzlichkeit auf allen Ebenen und allen Gebieten. Sie ist für die Entwicklung des Vertrauensverhältnisses von Partei, Staat und Volksmassen und der verantwortungsbewußten staatsbürgerlichen Aktivität der Menschen eine wichtige Bedingung.

Die Untersuchungen über die Wirksamkeit unseres sozialistischen Staates und seines Rechts sowie über notwendige und mögliche Wege zur Erhöhung dieser Wirksamkeit im Interesse und zum Nutzen der Menschen, der weiteren Gestaltung der entwickelten sozialistischen Gesellschaft durch die Entfaltung und den zielstrebigen, organisierten und effektiven Einsatz der gesellschaftsgestaltenden Schöpferkraft der Menschen, ihrer bewußten Aktivität sind zugleich in dieser oder jener Weise Untersuchungen über die Verwirklichung und die Wirksamkeit unserer sozialistischen Verfassung. Das wird die Möglichkeit geben, Grundfragen unserer staatlichen und rechtlichen Entwicklung bei der Gestaltung der entwickelten sozialistischen Gesellschaft in konzentrierter Form theoretisch aufzuarbeiten und weiterführende Entwicklungsrichtungen sichtbar zu machen.

Es versteht sich nahezu von selbst, daß die weitere Entwicklung unseres sozialistischen Staates und Rechts, alle Bemühungen zur Erhöhung ihrer gesellschaftlichen Wirksamkeit auch künftig begleitet sein werden von den wütenden Attacken der antikommunistischen Propaganda und allen möglichen Versuchen, die erfolgreiche Entwicklung unserer Gesellschafts- und Staatsordnung zu behindern. Auch unsere wissenschaftliche Arbeit wird sich nach wie vor in der prinzipiellen ideologischen Auseinandersetzung mit dem imperialistischen System, seinen eigenen Praktiken und seinen antisozialistischen Aktivitäten vollziehen. Neben der Analyse und Kritik der imperialistischen Staats- und Rechtsentwicklung, die sich notwendig auf Schwerpunkte konzentrieren muß, ist die wirksame und überzeugende Zurückweisung und Widerlegung antikommunistischer Angriffe auf den sozialistischen Staat und sein Recht eine Aufgabe, der wir noch größeres Gewicht beimessen müssen. Auch diese Frage kann nicht Angelegenheit einiger weniger Spezialisten sein. Hier ist die verstärkte rechtszweigspezifische Aktivität besonders gefragt und auch zwischen den sozialistischen Ländern sollen die Aktivitäten in dieser Richtung künftig stärker koordiniert werden. Je mehr der Sozialismus auf seinem Wege vorankommt, je mehr seine internationale Autorität und Ausstrahlungskraft wächst, je weniger die politische und ökonomische Erpressung und die militärische Bedrohung, die der Imperialismus ihm gegenüber betreibt, Früchte trägt, um so wütender werden seine propagandistischen, ideologischen Angriffe auf den Sozialismus, um so größere, subtiler angelegte Verleumdungen wird er über ihn verbreiten. Wir werden uns auch dieser Aufgabe in verstärktem Maße zu stellen haben und sie in enger Zusammenarbeit untereinander und mit unseren Genossen und Freunden in der Sowjetunion und den anderen sozialistischen Bruderländern erfolgreich lösen.

Die Herausbildung, Entwicklung und Festigung unserer sozialistischen Staats- und Rechtsordnung während der vergangenen 40 Jahre war ein kontinuierlicher, folgerichtiger und oft komplizierter dialektischer Prozeß, in dem die werktätigen Massen des Volkes unter der Führung der Arbeiterklasse und ihrer marxistisch-leninistischen Partei die gesamte Gesellschaft und damit auch ihr eigenes Leben grundlegend um- und neu gestaltet haben. Diesen gleichen, dialektischen, von tiefen Einschnitten begleiteten und zugleich folgerichtigen kontinuierlichen Prozeß widerspiegelt auch die Herausbildung und Entwicklung der marxistisch-leninistischen

Staats- und Rechtswissenschaft in unserem Lande, den sie, gestützt auf die Hilfe und Unterstützung der Sowjetunion, ihrer Staats- und Rechtswissenschaft und in fester Freundschaft mit ihr verbunden, erfolgreich bewältigt hat.

Auch die weitere Gestaltung der entwickelten sozialistischen Gesellschaft wird keine glatte Landstraße sein. Sie ist, wie wir wissen, ein historischer Prozeß weiterer tiefgreifender politischer, ökonomischer, sozialer und geistig-kultureller Wandlungen; Wandlungen in den Produktivkräften, in der weiteren Ausgestaltung der sozialistischen Produktionsverhältnisse, den sozialen Strukturen und der Menschen selbst, ihrer Denk- und Verhaltensweisen, Wandlungen in den Anforderungen an die Leitung und Gestaltung dieser Prozesse. So wird auch unsere Wissenschaft fortwährend vor qualitativ neuen Bedingungen und Erfordernissen stehen, wird Altes, Überholtes abstreifen, Bewährtes und Erprobtes aber aufbewahren und entwickeln und sich neuen Problemen und Anforderungen stellen müssen.

Anmerkungen

1 Programm der Sozialistischen Einheitspartei Deutschlands, Berlin 1976.
2 Ebenda, S. 55.
3 Ebenda, S. 55–56.
4 Ebenda, S. 56.
5 Ebenda, S. 57.
6 Ebenda, S. 58–59.
7 Vgl. Gesetzmäßigkeiten unserer Epoche – Triebkräfte und Werte des Sozialismus, Rede von Kurt Hager auf der Gesellschaftswissenschaften Konferenz des ZK der SED am 15. und 16. Dezember 1983 in Berlin, Berlin 1983, S. 34–37.

Karl A. Mollnau

Methodisch-theoretische Anforderungen an die rechtstheoretische Grundlagenforschung angesichts des wachsenden Gewichts des sozialistischen Rechtstyps in der Rechtsentwicklung der Gegenwart

Jede Wissenschaftsdisziplin tut gut daran, in gewissen Zeitabständen danach zu fragen, ob ihre bisherigen methodisch-theoretischen Leitlinien den realen Gegenständen und Prozessen, die sie ihrem Gegenstande gemäß zu untersuchen hat, noch voll entsprechen, ob sich Modifikationen notwendig machen oder ob sie sich gar neuen methodisch-theoretischen Anforderungen gegenübergestellt sieht. Die Rechtswissenschaft als Ganzes wie ihre Teilgebiete haben gegenwärtig gewissermaßen noch einen zusätzlichen Grund zu dieser Fragestellung, denn sie stehen vor der Aufgabe, sich darüber klar zu werden, welches ihre ureigensten Forschungsaufgaben in der gegenwärtigen gesellschaftlichen Entwicklungsetappe sind, die sie als Beitrag zur Gestaltung der entwickelten sozialistischen Gesellschaft zu leisten haben.

Inzwischen ist jedem Rechtswissenschaftler klar geworden, daß sich die zu lösenden Probleme von denen unterscheiden, die in der Übergangsperiode vor uns standen; aber dennoch bedarf es wohl noch einiger Anstrengung, um im Detail – und damit ist die zu bearbeitende Problemstruktur insbesondere in der rechtstheoretischen Grundlagenforschung gemeint – die Linien in der rechtswissenschaftlichen Grundlagenforschung abzustecken.

Der 40. Jahrestag der Befreiung ist ein guter Anlaß danach zu fragen, welche methodisch-theoretischen Anforderungen sich aus dem Umstand ergeben, daß in den letzten 40 Jahren der sozialistische Rechtstyp sowohl quantitativ als auch qualitativ sein Existenz- und Wirkungsfeld beträchtlich erweitern konnte.

Vierzig Jahre nach der Befreiung, fast siebzig Jahre nach der Oktoberrevolution, existiert heute der sozialistische Rechtstyp in Gestalt von bald zwanzig nationalen Rechtssystemen auf drei Kontinenten. Eine Reihe davon sind in einem fortgeschrittenen Entwicklungsstadium begriffen, weil sie Teil einer Gesellschaft sind, die sich auf ihren eigenen Grundlagen entwickelt. Diese Ausdehnung der Existenz und des Wirkens des sozialistischen Rechtstyps, die zudem mit einer entwicklungsmäßigen Differenzierung verbunden ist, hat Auswirkungen auf den Gegenstand der Rechtswissenschaft insgesamt. Wie auch immer im einzelnen die daraus resultierenden theoretischen und methodischen Probleme beschaffen sein mögen, worin sie bestehen und wie sie sich zeigen, sie können nur richtig erfaßt und gelöst werden, wenn sie, eingebettet in die Epochenentwicklung von heute, analysiert werden. Existenz und Wirken des sozialistischen Rechtstyps, wie sie sich 40 Jahre nach der Befreiung vom Faschismus darstellen, sind ein Teil und ein Moment der Einwirkung, die der reale Sozialismus nunmehr auf das Weltgeschehen ausübt. Dies ist ein Tatbestand, der sich nach dem zweiten Weltkrieg entwickelte und am Ende des 20. Jahrhunderts von niemandem mehr übersehen werden kann: Heute gibt es kein Land, keine internationale oder nationale Vereinigung, keine ideologische oder politische Strömung, die den Einfluß des Sozialismus nicht mehr oder weniger stark verspürt und sich darauf einzustellen gezwungen ist. Dies ist ein Grundprozeß unserer

Epoche, in der zwei gegensätzliche sozialökonomische Systeme nebeneinander bestehen; er wird anhalten und sich verstärken. Ein Nachdenken über die Konsequenzen, die sich aus dem Tatbestand ergeben, daß heute der sozialistische Rechtstyp in vielen nationalen Rechtssystemen in Erscheinung tritt, ist in mehrfacher Hinsicht notwendig:

1. Die quantitative und qualitative Erweiterung der Existenz und des Wirkens des sozialistischen Rechtstyps führt dazu, daß die Dialektik zwischen allgemeinen Gesetzen der Entwicklung, Strukturierung und Wirkung des sozialistischen Rechts und den konkreten Bedingungen, unter denen sie angewandt werden müssen, eine neue Dimension erhält. Das muß zu entsprechenden Differenzierungen führen, was die methodisch-theoretische Weise des Herangehens betrifft. Je mehr sozialistische Rechtssysteme entstehen und je länger sie wirken, je differenzierter ihre Struktur wird und je aufgefächerter das Spektrum der Entwicklungsstadien der einzelnen Rechtssysteme des sozialistischen Rechtstyps ist, um so wichtiger wird der Vergleich der eigenen sozialistischen Rechtsordnung und ihrer Entwicklung mit anderen sowie aller untereinander. Damit wächst aber auch die Möglichkeit und die Notwendigkeit des Differenzierungsvermögens für das Besondere und Einzelne jeweiliger nationaler sozialistischer Rechtssysteme wie für das Allgemeine in ihnen.

Dies ist eine theoretische Fragestellung von hohem rechtspolitischem Rang, und zwar in doppelter Hinsicht. Einmal ist die richtige Beurteilung des Besonderen, des Einzelnen und des Allgemeinen eine unentbehrliche Grundlage für die Entfaltung und zielstrebige Ausgestaltung des sozialistischen Klasseninhaltes der einzelnen nationalen sozialistischen Rechtssysteme, insbesondere unter dem Gesichtspunkt des weiteren Ausbaus und der weiteren Anreicherung ihres sozialistisch-internationalistischen Inhalts. Zum anderen ist die Analyse des Verhältnisses zwischen Besonderem, Einzelnem und Allgemeinem der verschiedenen sozialistischen Rechtssysteme – wobei anzunehmen ist, daß sich künftig noch weitere solche Unterschiede bei der Entwicklung einzelner Rechtssysteme ergeben werden – von großem Interesse, um Erfahrungen zu sammeln und sie theoretisch zu verallgemeinern, wie allgemeine Erkenntnisse, allgemeine Gesetzesaussagen der marxistischen Rechtstheorie unter konkreten Bedingungen anzuwenden sind und welcher Entscheidungsraum dabei der subjektiven Gestaltung, der spezifischen Ausprägung der einzelnen Rechtsordnungen zur Verfügung steht.

Der rechtspraktische Wert dieser Fragestellung besteht darüber hinaus auch unmittelbar darin, daß ihre Beantwortung eine unerläßliche Grundfrage dafür bildet, wie die Rechtsannäherung und Rechtsangleichung zwischen den einzelnen sozialistischen Rechtssystemen perspektivisch gestaltet und wie dieser Prozeß von den marxistisch-leninistischen Parteien geleitet und gesteuert werden muß.

2. Daß heute der sozialistische Rechtstyp breit gefächert existiert und wirkt, verändert die Relationen zwischen Theorie und Empirie in der rechtstheoretischen Grundlagenforschung. Immer mehr erweist es sich als ungenügend, bei der Konstituierung der empirischen Basis für Verallgemeinerungen von rechtstheoretischer Grundlagenbedeutung nur auf die Erfahrungen des eigenen Rechtssystems, seiner Entwicklung und seines Wirkens zurückzugreifen.

Unter den historischen Bedingungen, da der Sozialismus nur in einem Land existierte, da demzufolge der sozialistische Rechtstyp nur in Gestalt eines nationalen Rechtssystems, nämlich des sowjetischen, existierte, war es völlig logisch, wie es im übrigen ja auch geschah, daß die Darstellungen der Staats- und Rechtstheorie praktisch eine Lehre von diesem einzigen Rechtssystem als alleinigen Vertreter des sozialistischen Rechtstyps war. Das heißt, unter diesen Bedingungen fielen die theoretischen Fragen eines nationalen Rechtssystems, ihre ideelle Reflexion und Reproduktion mit der Lehre vom sozialistischen Rechtstyp zusammen. In dem Maße aber, wie sich der sozialistische Rechtstyp ausdehnte, mußte hier eine Veränderung eintreten. Heute hat die Theorie vom sozialistischen Recht die Realität aller existierenden sozialistischen Rechtssysteme zu berücksichtigen. Will sie sich nicht nur im Wege deduktionistischer Ableitungen entfalten, muß sie die Mühen und Schwierigkeiten der konkreten Analyse der Entwicklung und des Wirkens der Rechtssysteme in den einzelnen sozialistischen Staaten auf sich nehmen. Unter welchen Bedingungen eine solche Analyse möglich ist, welchen Anforderungen sie genügen müßte, das soll und kann hier im einzelnen nicht erörtert werden. Es soll aber auf ein daraus resultierendes methodisch-theoretisches Problem aufmerksam gemacht werden, das darin besteht, daß man nach der Möglichkeit und nach der Notwendigkeit fragen muß, verschiedene Stufen theoretischer Verallgemeinerung innerhalb der Theorie des sozialistischen Rechts zu unterscheiden.

Nach meinem Dafürhalten bieten sich grundsätzlich zwei Möglichkeiten an:

Die erste Möglichkeit besteht darin, daß nach den Entwicklungsstufen des sozialistischen Rechtstyps differenziert wird und für bestimmte Entwicklungsstufen jeweils theoretische Verallgemeinerung vorgenommen werden. Es ist also vor allem die theoretische Fragestellung nach der Rolle des Rechts in der Übergangsperiode und dann in der Periode der entwickelten sozialistischen Gesellschaft. Die zweite Möglichkeit besteht darin, nach gleichgelagerten Wirkungsbedingungen der objektiven Gesetze des sozialistischen Rechtstyps zu differenzieren.

Alle eventuellen Differenzierungen und Unterscheidungen verschiedener Stufen theoretischer Verallgemeinerung innerhalb der Theorie vom sozialistischen Recht dürfen nie verselbständigt werden; es sind und bleiben Teilstücke der einheitlichen Theorie vom sozialistischen Rechtstyp. Darüber Klarheit zu gewinnen, auf welcher Abstraktionsstufe sich rechtstheoretische Aussagen bewegen sollen, ist schon deshalb wichtig, weil die Höhe der Abstraktionsstufe auch die praktische Wirksamkeit der Rechtstheorie beeinflußt. Aber dieses Problem darf nicht mit der empirischen Basis und ihrer Breite, mit der Zuverlässigkeit der empirischen Basis vermengt werden, auf der theoretische Verallgemeinerungen getroffen werden. Ganz gleich auf welcher Abstraktionsstufe sich diese Verallgemeinerungen bewegen, immer sollten sie eine möglichst breite empirische Datenbasis zur Grundlage haben.

3. Wie schon betont, kann und darf eine mögliche Differenzierung der Abstraktionsstufen innerhalb der marxistischen Theorie vom sozialistischen Recht nicht zu einer Aufsplitterung der einheitlichen Typentheorie vom sozialistischen Recht führen. Dies muß vor allen Dingen auch gegenüber bestimmten pluralistischen Strategien betont werden, die von bürgerlicher Seite gegenüber dem Marxismus in der ideologischen Auseinandersetzung angewandt werden. Notwendigkeit und Möglichkeit der Differenzierung der theoretischen Abstraktionsstufen innerhalb der Theorie des sozialistischen Rechts muß also in klarer Abgrenzung zum ideologischen Pluralismus erörtert und durchgeführt werden. Die Einheitlichkeit der weltanschaulichen Erklärungskraft der Theorie vom sozialistischen Recht darf dadurch nicht nur nicht beschädigt werden, sondern sie ist zu stärken. Dies muß der übergreifende methodisch-theoretische Gesichtspunkt sein, wenn solche Differenzierungen vorgenommen werden.

Jede Differenzierung der Abstraktionsebenen innerhalb der Theorie vom sozialistischen Recht muß methodisch so angelegt werden, daß jeweils das international Gültige herausgearbeitet wird: Der Universalitätsanspruch der historischen Mission der Arbeiterklasse muß theoretisch reflektiert werden in entsprechend allgemeinen, international gültigen theoretischen Aussagen. Dies ist übrigens auch ein Grund dafür, weshalb nach meinem Dafürhalten die Differenzierung nie ausschließlich nur unter dem Aspekt der konkreten Anwendung der allgemeinen Theorie in einem speziellen Land, lediglich unter dem Gesichtspunkt der Entwicklung einer nationalen Rechtsordnung erfolgen soll. Dies ist historisch heute nicht mehr möglich, und zwar seit dem Zeitpunkt, da mehr als eine sozialistische Rechtsordnung real in der Welt existiert. Wir haben zudem in der DDR besonderen Grund darauf hinzuweisen, weil es ja in der Geschichte unserer Rechtswissenschaft einige Jahre gab, in denen sich ihr theoretisches Grundlagendenken tendenziell auf eine DDR-spezifische Betrachtungsweise hinbewegte, die faktisch eine substantielle Blickverengung war und die Theorie zu praktischer Unwirksamkeit verurteilte, weil sie sich in abstrakter Wesensschau oft erging. Diese Betrachtungsweise, die sich als Folge der auf der Babelsberger Konferenz vorgenommenen Gegenstandsbestimmung der Staats- und Rechtstheorie in den 60er Jahren eingestellt hatte, wurde dann bekanntlich zu Beginn der 70er Jahre im Zusammenhang mit der Orientierung auf die Aufgabenstellung des VIII. Parteitages rasch überwunden.

Hier möchte ich für einen Moment innehalten und in Erinnerung rufen, welche konkrete Hilfe wir bei der Überwindung dieser verengten Gegenstandsbestimmung und Blickweise in der rechtstheoretischen Arbeit von der Staats- und Rechtstheorie der Sowjetunion erhalten haben. Ich meine die Hilfe in Gestalt der Herausgabe des vierbändigen Werkes „Theorie des Staates und des Rechts“[1] und die Hilfe und konzeptionelle Unterstützung bei der Ausarbeitung des ersten Staats- und Rechtstheorielehrbuches der DDR[2].

Die ganze methodisch-theoretische Tragweite der Überwindung der DDR-spezifisch verengten Sicht in der Rechtstheorie wird erst heute so recht sichtbar, da wir mit der Ausarbeitung von Problemen des Staates und des Rechts befaßt sind, die mit der Konzeption der entwickelten sozialistischen Gesellschaft zusammenhängen. Allein diese Konzeption hat nämlich die internationalen Erfahrungen, die in verschiedenen Ländern des Sozialismus gesammelt wurden, zur Grundlage und zum Ausgangspunkt, weshalb sie auch das kollektive Werk der KPdSU, der SED und anderer Parteien ist.

4. Auf einen weiteren Komplex von methodisch-theoretisch neuen Fragestellungen sei hingewiesen: Es geht um Konsequenzen, die sich aus dem wachsenden Gewicht des sozialistischen Rechtstyps für den rechtstheoretisch-ideologischen Kampf ergeben.

Zunächst ist zu sagen, es wäre ein Irrtum annehmen zu wollen, die Verbreiterung der Existenz- und Wirkungsphäre des sozialistischen Rechtstyps mache es weniger wichtig, sich mit der bürgerlichen Rechtsideologie im Detail und vor allen Dingen als Bestandteil der Entwicklung der sozialistischen Rechtstheorie auseinanderzusetzen. Anders gesagt, man darf nicht annehmen, die Auseinandersetzung mit der bürgerlichen Ideologie sei nur eine Aufgabe, die auf der Tagesordnung steht, wenn sich in dem jeweiligen Land eine marxistisch-leninistische Rechtswissenschaft herausbildet. Im Grunde genommen bleibt die Notwendigkeit dieser ideologischen Auseinandersetzung ständig auf der Tagesordnung. Allerdings gilt es heute zu berücksichtigen, daß im Verhältnis zwischen dem bürgerlichen und dem sozialistischen Rechtsdenken auf Grund des neuen Kräfteverhältnisses zwischen Sozialismus und Kapitalismus in der Welt Veränderungen eingetreten sind.

Heute, da der sozialistische Rechtstyp in vielen Ländern existiert, wird es immer wichtiger, die Auseinandersetzung mit den bürgerlichen Angriffen auf die realen sozialistischen Rechtsordnungen zu führen, sich mit der Polemik und Kritik zu befassen, die von bürgerlicher Seite gegen das real wirkende sozialistische Recht bzw. gegen die Theorie über dieses Recht vorgetragen wird.

Was nun die bürgerliche Beschäftigung mit dem sozialistischen Rechtstyp angeht, so hat sich eine gewisse taktische Umorientierung vollzogen. Unter dem Druck der Verhältnisse sieht sie sich gezwungen, stückweise die These von der angeblichen Rechtsfeindlichkeit des Sozialismus aufzugeben. Heute negiert man nicht mehr das sozialistische Recht als einen besonderen Typ des Rechts, sondern man erkennt es als einen besonderen Rechtskreis neben anderen Rechtskreisen an. Dies macht sich u. a. vor allem in der bürgerlichen Rechtsvergleichung bemerkbar.

Mit wachsendem Gewicht des sozialistischen Rechtstyps in der Rechtsentwicklung von heute wird für die bürgerlichen Juristen die Notwendigkeit stärker, sich mit dem sozialistischen Recht zu beschäftigen, was gleichzeitig mit einer stärker werdenden differenzierenden Betrachtung einhergeht. Alles ist aber letztlich darauf aus und dem Versuch untergeordnet, den Sozialismus einzudämmen oder zurückzudrängen. So gesehen sind auch bestimmte Differenzierungen nichts anderes als Erscheinungen des arbeitsteiligen Vorgehens im ideologischen Kampf des Imperialismus gegen den Sozialismus. Dennoch ist es von Interesse, gewisse Hauptlinien der bürgerlichen Beschäftigung mit dem sozialistischen Recht zu unterscheiden. Dies ist schon deshalb zweckmäßig, weil der bürgerlichen Beschäftigung mit dem sozialistischen Recht im einzelnen unterschiedliche Motive zugrunde liegen. Nicht alle bürgerlichen Juristen und Rechtswissenschaftler, die z. B. Einwände gegen die marxistische Rechtstheorie vorbringen, die bestimmte Seiten der sozialistischen Rechtsordnung kritisieren oder nicht mit ihr einverstanden sind, sind schlechthin militante und aggressive Antikommunisten. Eine solche Differenzierung hat natürlich auch unter dem Gesichtspunkt Bedeutung, die Formierung einer Koalition der Vernunft und des Realismus von dieser spezifischen Seite her zu unterstützen.

Folgende Hauptlinien lassen sich unterscheiden:

Zunehmend wird in den letzten Jahren das sozialistische Recht zum Objekt der bürgerlichen Rechtskunde gemacht. Auf den westlichen Büchermärkten erscheinen immer mehr Einführungen in das sozialistische Recht oder in einzelne seiner Regelungskomplexe; auch werden an immer mehr bürgerlichen Universitäten Lehrstühle für das sozialistische Recht eingerichtet.

Diese Bestrebungen, Kenntnisse über das geltende sozialistische Recht zu vermitteln, liegen vor allem Interessen jener Kräfte zugrunde, die mit den sozialistischen Ländern Handel treiben wollen und die im Rahmen friedlich-koexistentieller Beziehungen nach Kooperation mit den sozialistischen Ländern auch in anderen Bereichen streben. Diese Art Beschäftigung mit dem sozialistischen Recht und seine Darstellung im bürgerlichen universitären Lehrbetrieb soll die intellektuellen Grundlagen für Entscheidungshilfen schaffen, die die Regierung, die bürgerlichen Parteien, die Unternehmerverbände und andere Institutionen des imperialistischen Herrschaftssystems brauchen.

– Sehr oft sind die Grenzen dieser Art Beschäftigung mit dem sozialistischen Recht fließend zu einer weiteren Linie, die in einer Suche und in einem Abklopfen nach Ansatzpunkten für konterrevolutionäre Gesellschaftsveränderung in sozialistischen Staaten besteht. Zu diesem Zweck wird gefordert, besonders jene Entwicklungen zu untersuchen, „die dauerhaft auf die rechtlichen Ordnungsstrukturen Osteuropas einwirken und zugleich wichtige Anhaltspunkte dafür erkennen lassen, über welche politischen Handlungsspielräume die kommunistisch regierten Länder verfügen."[3]

– Mit beiden Linien sind wiederum jene Bestrebungen verbunden, die sich mit den theoretischen Grundlagen des sozialistischen Rechts, also mit der Rechtskonzeption des Marxismus-Leninismus befassen. Gezwungen, den Wissenschaftscharakter der marxistisch-leninistischen Rechtstheorie anzuerkennen, kritisieren sie diese jeweils vom Standpunkt verschiedener Strömungen der zeitgenössischen bürgerlichen Rechtswissenschaft. Oft ist dieses Vorgehen damit verknüpft, unter scheinbarer Zuhilfenahme bestimmter Detailerkenntnisse der marxistisch-leninistischen Rechtstheorie das Wesen des sozialistischen Rechts verzerrt darzustellen. Zu diesem Zweck werden diese Detailerkenntnisse aus ihrem historischen und systematischen Zusammenhang gerissen und mit willkürlich unterlegten Bedeutungen versehen. Seit einiger Zeit zeigt deshalb auch die bürgerliche Rechtswissenschaft eine auffallende Vorliebe für die Geschichte der marxistischen Rechtswissenschaft und besonders für Schriften, die linke und rechte Revisionisten in früheren Jahren zu rechtlichen Fragen herausgebracht haben.
– Eine weitere Linie ist schließlich jener Antikommunismus innerhalb der bürgerlichen Rechtspolitik und Ideologie, der das sozialistische Recht und die Ergebnisse der marxistischen Rechtswissenschaft verfälscht und entstellt. Sein moralisches Fundament ist die Unwahrheit, die Heuchelei und die Lüge; was z. B. anhand der verschiedenen Kampagnen wegen angeblicher Menschenrechtsverletzungen in den sozialistischen Ländern festgestellt werden kann. Objektiv wird damit ideologisch die Nuklear- und Weltraumkriegsstrategie der Reagan-Administration komplettiert, deren Ziel es ja erklärtermaßen ist, sich des Sozialismus als Hort des Bösen zu entledigen.
– Ferner ist jene Wirkungsrichtung der bürgerlichen Beschäftigung und Auseinandersetzung zu nennen, die darauf abzielt, das sozialistische Recht als Alternative für die Entwicklungsländer zu diffamieren.

Nach meiner Auffassung gehört die ideologische Auseinandersetzung mit den Angriffen und mit der Kritik, die von bürgerlicher Seite gegen die marxistische Rechtstheorie und gegen das sozialistische Recht vorgetragen werden, zu einem integrierenden Bestandteil der Theorie vom sozialistischen Recht. Systematisch ist sie also nicht in erster Linie ein Bestandteil der marxistischen Analyse und Beschäftigung mit der Theorie und Praxis des bürgerlichen Rechts. Das theoretisch-methodische Pendant in diesem Bereich der marxistischen Rechtswissenschaft wäre vielmehr, die Einwirkungen zu reflektieren, die vom sozialistischen Rechtstyp und seiner Theorie auf das bürgerliche Recht, auf das bürgerliche Rechtsdenken ausgehen. Beides wird sowohl in der einen als auch in der anderen Richtung bisher ungenügend getan.

Anmerkungen

1 Autorenkollektiv, Marxistisch-leninistische allgemeine Theorie des Staates und des Rechts, 4 Bde., Berlin 1974.
2 Autorenkollektiv, Marxistisch-leninistische Staats- und Rechtstheorie, Lehrbuch, Berlin 1980.
3 In: Osteuropa, Hrsg. Deutsche Gesellschaft für Osteuropakunde, Stuttgart, 8/9 1980, S. 954.

Frithjof Kunz

40 Jahre Arbeitsrechtsentwicklung durch und für die Werktätigen

Die Zerschlagung des Faschismus ermöglichte den antifaschistischen, demokratischen und sozialistischen Neubeginn

Der Sieg der Sowjetunion über den Hitlerfaschismus, den sie gemeinsam mit ihren Verbündeten der Antihitlerkoalition vor nunmehr vier Jahrzehnten errang, eröffnete dem deutschen Volk die historische Chance des antifaschistischen, demokratischen und sozialistischen Neubeginns. Dieser Sieg war nicht nur ein militärischer Erfolg. Er stellte zugleich einen Triumph der Ideen des Sozialismus dar und bewies die Überlegenheit der sozialistischen Staats- und Gesellschaftsordnung sowie die großen Potenzen der Arbeit unter sozialistischen Bedingungen. „Er wurde für eine Welt ohne Knechtung und Entrechtung errungen, für eine friedliche Welt, in der einst alle Völker und Staaten einander Freund sein werden, weil bei keinem ein anderes Prinzip gelten wird als das der Arbeit und des Wohles des Menschen.“[1]

Das Volk in der DDR hat die durch die Befreiung vom Faschismus eingeräumte geschichtliche Chance genutzt. Unter Führung der Arbeiterklasse hat es die nötigen Schlüsse aus der Geschichte und insbesondere dem unsäglichen Leid gezogen, in das der deutsche Imperialismus die Völker der Welt und darunter auch das eigene Volk gestürzt hat. Die Arbeiterklasse und die mit ihr Verbündeten haben aktiv die Lehren der deutschen revolutionären Arbeiterbewegung realisiert. Die wichtigste war, die Spaltung der Arbeiterklasse zu überwinden. Dies geschah durch die Gründung der Sozialistischen Einheitspartei Deutschlands und den damit erfolgten Zusammenschluß von KPD und SPD im April 1946, nachdem diese bereits am 19. Juni 1945 einen gemeinsamen Arbeitsausschuß ins Leben gerufen hatten. Es fand seinen Ausdruck aber auch in der Gründung des einheitlichen Freien Deutschen Gewerkschaftsbundes (FDGB). Damit wurde die noch in der Weimarer Zeit herrschende Zersplitterung der Gewerkschaftsbewegung überwunden.[2]

Die zielklare Führung durch die einheitliche marxistisch-leninistische Partei der Arbeiterklasse und das Wirken der geschlossenen umfassendsten Klassenorganisation, des FDGB, garantierten die nach 1945 errungenen Erfolge auf dem Gebiete der demokratischen Umgestaltung der Gesellschaft, insbesondere in der Wirtschaft. Sie ermöglichten es, die Militaristen und Imperialisten zu entmachten, die Folgen des mörderischen Krieges allmählich zu überwinden, neue ausbeutungsfreie Produktions- und Arbeitsverhältnisse zu schaffen und schrittweise, von der sowjetischen Militäradministration geförderte, neue demokratische Staatsorgane aufzubauen. So konnten in einem einheitlichen revolutionären Prozeß die antifaschistisch-demokratische Umwälzung vollzogen und die Grundlagen des Sozialismus errichtet werden.

Die Verwirklichung des Potsdamer Abkommens auf dem Gebiete unserer heutigen DDR entsprach den Interessen der Arbeiterklasse und ihrer Verbündeten. Sie haben deshalb aktiv die darin geforderte Enteignung der Nazi- und Kriegsverbrecher, die Durchführung der Bodenreform und der Schulreform in einer breiten Volksbewegung realisiert. Mit der Vereinigung der beiden Arbeiterparteien und dem

Wirken einheitlicher Gewerkschaften gewann die Arbeiterklasse in bedeutendem Umfang an Geschlossenheit und Masseneinfluß. Unter Führung der SED erlangte sie die nötige Kampfkraft, um die ökonomische Basis des Imperialismus endgültig zu zerschlagen. Die Betriebe der Nazi- und Kriegsverbrecher wurden volkseigen.[3]

Damit entstand gesellschaftliches Eigentum an wichtigen Produktionsmitteln, die Basis für das Werden und Wachsen ausbeutungsfreier Arbeitsverhältnisse, kameradschaftlicher Zusammenarbeit und gegenseitiger Hilfe. Mit dieser Verwandlung des Eigentums der Monopolbourgeoisie an den entscheidenden Produktionsmitteln in gesamtgesellschaftliches Eigentum erhielten die neuen antifaschistisch-demokratischen Verhältnisse ein stabiles sozialökonomisches Fundament. Planmäßig konnte nunmehr die Produktion gesteigert und die Lebenslage der Werktätigen verbessert werden. Wie es die SED in ihren auf dem Vereinigungsparteitag beschlossenen Grundsätzen und Zielen dargelegt hatte, wurde so die Grundbedingung geschaffen, um die Ausbeutung zu beseitigen und eine neue sozialistische Gesellschaft zu errichten.

Die Entwicklung nach dem 8. Mai 1945 zeigte, daß in relativ kurzer Zeit die entscheidenden Voraussetzungen für das Entstehen neuer ausbeutungsfreier Arbeitsverhältnisse und des neuen ihnen entsprechenden Arbeitsrechts sowohl in ökonomischer, in sozialpolitischer, aber auch in politisch-staatlicher und ideologischer Hinsicht geschaffen wurden. Darauf gestützt, gelang es auch, die Ausbeutung in den noch auf kapitalistischem Eigentum beruhenden Arbeitsverhältnissen in Grenzen zu halten und diese Arbeitsverhältnisse schließlich ebenfalls in sozialistische umzuwandeln.

Die grundlegenden Dokumente der SED zur Staatsfrage, die im Jahr 1946 angenommen wurden, insbesondere die Grundsätze und Ziele der SED vom 21. April 1946, die Proklamation über die Grundrechte des deutschen Volkes vom 19. September 1946 und schließlich die sozialpolitischen Richtlinien vom 30. Dezember 1946[4], wiesen zugleich auch die Grundrichtung für die Schaffung und den Ausbau des neuen antifaschistisch-demokratischen Arbeitsrechts. Sein Inhalt fußt auf den in vielen Klassenkämpfen verfochtenen programmatischen Forderungen der Arbeiterbewegung. Seine Realisierung stand im Einklang mit dem Potsdamer Abkommen, d. h. mit völkerrechtlichen Verpflichtungen. Sie konnte nunmehr unter dem Schutz der sowjetischen Besatzungsmacht erfolgen, bedurfte aber des zielklaren und entschlossenen Handelns der Arbeiterklasse und der mit ihr Verbündeten.

Die Sowjetunion exportierte dabei nicht ihre gesellschaftlichen Verhältnisse, ihre Staats- und Rechtsordnung, wie das heute manche bürgerlichen Arbeitsrechtsideologen so gern darstellen. Die im Jahre 1946 aufgestellten und zielstrebig danach realisierten Ziele standen in der Tradition der revolutionären Arbeiterbewegung. Das reichte von den allgemeinen Aufgaben bis zu den Hauptprinzipien für die Gestaltung der Arbeitsverhältnisse. So gehört die Schaffung gesellschaftlichen Eigentums zu den Kernforderungen des „Kommunistischen Manifests", das als ersten Schritt hierzu die Erhebung des Proletariats zur herrschenden Klasse, die Erkämpfung der Demokratie bezeichnet.[5] In Deutschland knüpfte diese Schaffung des gesellschaftlichen Eigentums an solche Traditionslinien an wie an die durch die Reformisten hintertriebenen Kämpfe für die Sozialisierung als einer Hauptforderung der Novemberrevolution, die ja damals verbal auch Eingang in den Aufruf des Rates der Volksbeauftragten gefunden hatte (RGBl 1918 S. 1303). Wer seine Machtverhältnisse nach 1945 exportierte bzw. eine Entmachtung der am II.

Weltkrieg schuldig gewordenen Monopole hintertrieb, bewies dagegen die Suspendierung des Artikels 41 der Verfassung des Landes Hessen vom 11. Dezember 1946 (Hess. GVOBl. S. 229) durch die US-Militärregierung. Dieser sah die Überführung der Betriebe des Bergbaus, der Eisen- und Stahlerzeugung, der Energiewirtschaft und des schienengebundenen Verkehrswesens in Gemeineigentum vor, wofür sich in einem Volksentscheid vom 1. Dezember 1946 rund 72 % der hessischen Wähler ausgesprochen hatten.

Auch die speziell dem neuen Arbeitsrecht gesteckten inhaltlichen Eckpunkte knüpften an alte Forderungen der Arbeiterbewegung an. Dazu gehörten Arbeitsbeschaffung für alle Werktätigen, d. h. das Recht auf Arbeit entsprechend den damaligen Bedingungen, die Gleichberechtigung, das Koalitions- und Kollektivvertragsrecht, das Recht auf Mitwirkung in allen Betriebs- und Produktionsfragen, der Achtstundentag als gesetzlicher Normalarbeitstag, ein einheitlicher Arbeitsschutz und eine einheitliche Sozialversicherung.

Unser Arbeitsrecht war von Anbeginn außerordentlich eng mit dem Stand der Entwicklung der gesellschaftlichen und staatlichen Verhältnisse verbunden. Es förderte die neuen ausbeutungsfreien Arbeitsverhältnisse, schränkte in den noch auf kapitalistischem Eigentum beruhenden Arbeitsverhältnissen die Ausbeutung ein und trug dazu bei, auch diese Arbeitsverhältnisse schließlich im Laufe der kommenden Jahre in sozialistische umzuwandeln. Von Anfang an ging es darum, neues Arbeitsrecht zu schaffen. Arbeitsrecht typisch faschistischen Gehalts wurde von vornherein nicht mehr angewandt, anderes aus der Zeit vor 1945 nur dann, wenn es nicht sogleich ersetzbar war, wie z. B. zur Lohnhöhe, zum Arbeitsschutz, zum besonderen Schutz Jugendlicher, von Frauen und Müttern. Auch diese Vorschriften wurden so schnell wie möglich durch neue ersetzt. Dabei gelang es, auch solche Relikte des Kapitalismus wie die Besserstellung der Angestellten gegenüber den Arbeitern vom ersten Tage an auszumerzen. Bereits vor der Gründung der DDR stand damit – auch auf dem Gebiet des Tarifvertrages und der Mitbestimmung – ein neues Arbeitsrecht, wenn auch in vielen Einzelakten, für den gesellschaftlichen Neuaufbau zur Verfügung. So war eine gute Ausgangsposition gegeben, um die Forderung des Artikels 18 der Verfassung der DDR von 1949: „Die Republik schafft unter maßgeblicher Mitbestimmung der Werktätigen ein neues Arbeitsrecht" zu verwirklichen. Dies bedeutete, ein einheitliches, den Ansprüchen planmäßiger Gesellschaftsgestaltung und des Kampfes um den Sieg der sozialistischen Produktions- und damit Arbeitsverhältnisse Rechnung tragendes Arbeitsrecht zu schaffen.

Dieses neue, bereits Anfang der 50er Jahre gestaltete einheitliche Arbeitsrecht der DDR diente dazu, die Arbeitsverhältnisse der Arbeiter und Angestellten und die eng damit verbundenen gesellschaftlichen Verhältnisse nach dem Prinzip des demokratischen Zentralismus im Einklang mit der Volkswirtschaftsplanung zu regeln und auf diese Weise zu leiten. Die Arbeitsverhältnisse wurden nicht als isolierte Beziehungen zwischen dem einzelnen Arbeiter und Betrieb aufgefaßt. Vielmehr wurden sie zunehmend klarer betrachtet und auch normiert als Beziehungen der Zusammenarbeit der Werktätigen in den nach dem Prinzip des demokratischen Zentralismus geleiteten Betriebs- und Arbeitskollektiven. In diesen Kollektiven geht die Arbeit des einzelnen Werktätigen und die des Kollektivs direkt in die planmäßige gesellschaftliche Gesamtarbeit ein. Dabei erstarkte im Laufe der Jahre mit der Festigung des sozialistischen Charakters der Arbeit die Kollektivität immer mehr und ermöglichte auch eine dementsprechende Ausprägung sozialistischer Persönlichkeiten in der Arbeit. Die Entwicklung des sozialistischen Arbeitsrechts ist zugleich Ausdruck und Hebel der ständigen Höherentwicklung der Arbeitsverhältnisse und der sozialistischen Demokratie bei ihrer Leitung. Sie ist eine ständige Aufgabe des sozialistischen Staates. Ihre Grundrichtung und wesentlichen Abschnitte werden von der Strategie der Partei der Arbeiterklasse und des Arbeiter-und-Bauern-Staates beim Aufbau und bei der weiteren Gestaltung der sozialistischen Gesellschaft, bei der Verwirklichung der Einheit von Wirtschafts- und Sozialpolitik, bei der Entwicklung der Produktivkräfte und der Produktionsverhältnisse, aber auch von anderen innergesellschaftlichen Faktoren sowie von internationalen Bedingungen bestimmt. Ein Blick auf die Entwicklung des Arbeitsrechts der DDR macht zwei Gesetzmäßigkeiten deutlich:

Erstens entspricht der planmäßigen Gestaltung der sozialistischen Gesellschaft durch die Arbeiter-und-Bauern-Macht die Entwicklung des Arbeitsrechts in systematisch geschlossener Form. Sie erfolgt unter Führung der Partei der Arbeiterklasse. Ihr liegen einheitliche Prinzipien zugrunde.

Kernstück des Arbeitsrechts ist immer ein grundlegendes Gesetzeswerk der obersten Volksvertretung, das das weite Gebiet der Arbeitsverhältnisse der Arbeiter und Angestellten und die damit eng verbundenen gesellschaftlichen Verhältnisse insgesamt erfaßt und für alle konkretisierenden Normativakte die verbindliche Grundlage bildet. Die Masse der Arbeiter und Angestellten, mobilisiert insbesondere durch die Gewerkschaften, ist bei der Ausarbeitung sowohl dieses grundlegenden Gesetzeswerkes als auch der darauf beruhenden Nachfolgenormativakte sowie gleichzeitig an der späteren Verwirklichung des Arbeitsrechts in der Praxis der Betriebe aktiv beteiligt.

Zweitens entspricht einer bestimmten Periode der Gesellschaftsentwicklung auch eine bestimmte Etappe der Höherentwicklung des sozialistischen Arbeitsrechts auf dem Wege der Kodifizierung. Dabei wächst die Qualität des Arbeitsrechts in der Hinsicht, daß es Ausdruck der grundlegenden Übereinstimmung der Interessen der Werktätigen und Kollektive mit den gesamtgesellschaftlichen Erfordernissen ist und gleichzeitig der konkreten Erschließung dieser Interessenübereinstimmung dient.[6] Das gilt sowohl für den Inhalt des Arbeitsrechts als auch für seine Form. Es ist ablesbar am Inhalt und Umfang des grundlegenden Gesetzeswerkes und auch an dem darauf beruhenden System der arbeitsrechtlichen Normativakte. Dabei ist die Kodifizierung des Arbeitsrechts historisch gesehen die planmäßige, systematische und geschlossene Höherentwicklung von Inhalt und Form der Gesamtheit der arbeitsrechtlichen Normativakte des sozialistischen Staates gemäß den herangereiften neuen Anforderungen, die sich aus einem in der Gegenwart und überschaubaren Zukunft liegenden Zeitabschnitt der planmäßigen Förderung und Ausgestaltung der sozialistischen Arbeitsverhältnisse der Arbeiter und Angestellten und der eng damit verbundenen gesellschaftlichen Verhältnisse durch das Arbeitsrecht ergeben.

Die Geschichte des Arbeitsrechts der DDR entspricht im wesentlichen den Hauptetappen der gesellschaftlichen und staatlichen Entwicklung:

- Das erste einheitliche Arbeitsgesetz von 1950 stand im Zusammenhang mit der Aufgabe, in allen Bereichen der Gesellschaft planmäßig die Grundlagen des Sozialismus zu schaffen.
- Das Arbeitsgesetzbuch von 1961 widerspiegelte den Sieg der sozialistischen Produktionsverhältnisse und war auf die Lösung der Aufgaben gerichtet, die der umfassende Aufbau des Sozialismus stellte.

– Das neue Arbeitsgesetzbuch von 1977 schließlich geht von der durchgängigen Herrschaft der sozialistischen Produktionsverhältnisse aus und entspricht der Aufgabenstellung des Programms der SED, in der DDR weiterhin die entwickelte sozialistische Gesellschaft zu gestalten und so grundlegende Voraussetzungen für den allmählichen Übergang zum Kommunismus zu schaffen.[7]

Die in kommenden Planjahrfünft vor uns stehenden Forschungsaufgaben tragen dieser Aufgabenstellung Rechnung. Sie sind darauf gerichtet, zur Lösung der Hauptaufgabe mit Hilfe effektiver Arbeitsrechtsverwirklichung unter den Bedingungen der umfassenden Intensivierung beizutragen.

Die Erfahrungen der sowjetischen Arbeitsrechtspraxis und -theorie als wichtige Erkenntnisquelle für die Entwicklung und effektive Realisierung unseres Arbeitsrechts

Als die Werktätigen unter Führung ihrer geeinten Arbeiterpartei darangingen, das Potsdamer Abkommen zu verwirklichen und damit die antifaschistischen-demokratische Ordnung zu errichten, als sie den Kampf um den Sieg der sozialistischen Produktionsverhältnisse aufnahmen und schließlich erfolgreich zu Ende führten, als sie im Zuge dieser revolutionären Veränderungen ihre eigenen Staatsorgane und Rechtsordnung schufen, konnten sie sich nach den Lehren der Klassiker des Marxismus-Leninismus richten, konnten sie aus den bitteren Erfahrungen der deutschen Geschichte ihre Schlüsse ziehen. Eines hatten sie jedoch nicht: Erfahrungen praktischer Arbeit zur Erreichung dieser revolutionären Ziele. Ihnen fehlte auch eine dementsprechende geschlossene marxistisch-leninistische Theorie des Staates und Rechts und somit auch des Arbeitsrechts. Deshalb waren die in der Sowjetunion gesammelten Erfahrungen in Praxis und Theorie eine in ihrem Wert nicht hoch genug zu würdigende Hilfe. Das gilt voll auch für die Entwicklung des Arbeitsrechts de lege ferenda, seine auf die Massen der Werktätigen gestützte tägliche lebendige Umsetzung sowie seinen dazu nötigen wissenschaftlichen Vorlauf. Diese Erfahrungen konnten in allen skizzierten drei Hauptetappen der Geschichte des Arbeitsrechts unserer Deutschen Demokratischen Republik genutzt werden. In besonderem Maße half dies bei der Ausarbeitung des ersten Kodex des Gesetzbuches der Arbeit vom Jahre 1961. Hier standen die in der Sowjetunion in vier Jahrzehnten gesammelten Erfahrungen mit den noch direkt auf W. I. Lenins Initiative ausgearbeiteten sowjetischen Kodices der Jahre 1918 und 1922 zur Verfügung.[8] Von besonderem Interesse war damals die langjährige gründliche Diskussion des Entwurfs der Grundlagen für die Arbeitsgesetzgebung der UdSSR und der Unionsrepubliken aus dem Jahre 1959. Dieser wurde seinerzeit auch in vollem Wortlaut veröffentlicht.[9]

Auch in diesen entscheidenen Etappen der Arbeitsgesetzgebung wurden stets die sowjetischen Erfahrungen und Erkenntnisse entsprechend den konkreten Bedingungen in der DDR schöpferisch verarbeitet. So konnte seinerzeit 1961 der Abgeordnete Paul Geisler als Sprecher der FDGB-Fraktion in der Volkskammer der DDR mit Recht feststellen, daß unser Gesetzbuch der Arbeit (GBA) die Forderungen von Generationen deutscher Arbeiter und Gewerkschaftler erfüllte und ihnen die Möglichkeiten aktiver Vertretung der Arbeiterinteressen gab.[10]

Unser heute geltendes Arbeitsgesetzbuch (AGB) aus dem Jahre 1977, das sich inzwischen als Magna Charta der Arbeit bewährt hat, wurde u. a. durch detaillierte rechtsvergleichende Studien vorbereitet. In ihnen kam den inzwischen angenommenen und am 1. Januar 1971 in Kraft getretenen Grundlagen der sowjetischen Arbeitsgesetzgebung sowie den darauf beruhenden ABG der einzelnen Unionsrepubliken ein gewichtiger Platz zu.[11]

Nach 1945 bemühten sich, gestützt auf die Klassiker des Marxismus-Leninismus, junge Nachwuchswissenschaftler darum, eine neue marxistisch-leninistische Arbeitsrechtstheorie, neue marxistisch-leninistische Vorlesungen und Lehrmaterialien zu erarbeiten. Auch hierbei waren die fundierten Arbeitsergebnisse der sowjetischen Arbeitsrechtstheoretiker von unschätzbarem Wert. Der „Rechtswissenschaftliche Informationsdienst" und die Fachpresse veröffentlichten sowjetische Beiträge, die sehr aufmerksam studiert wurden. Es erschienen erste Monographien in deutscher Übersetzung; so A. J. Pascherstnik „Rechtsfragen der Entlohnung"[12]. Im Jahre 1952 war erstmals mit dem unter der Redaktion von N. G. Alexandrow herausgegebenen Lehrbuch des sowjetischen Arbeitsrechts[13] ein geschlossenes Lehrgebäude sowjetischer Arbeitsrechtswissenschaft in deutscher Sprache vorgestellt worden. Die theoretische Verarbeitung der darin enthaltenen geschlossenen Erkenntnisse ermöglichte es, die Arbeitsrechtstheorie unserer Republik systematisch und umfassend auszubauen und weiter zu fundieren. Seitdem konnten noch effektivere Formen der Zusammenarbeit mit der sowjetischen Wissenschaft und Praxis erreicht werden. In der Fachpresse mehrten sich seit den 60er Jahren Berichte über Studienreisen zu sowjetischen wissenschaftlichen Einrichtungen und Praxisorganen. Mit zunehmenden russischen Sprachkenntnissen nahmen die Verständigungsprobleme ab. Auch in diesen Jahren wurden aber wiederum bedeutsame sowjetische Werke in deutscher Sprache einer breiteren Öffentlichkeit vorgestellt. Zu erwähnen ist hier insbesondere das bereits auf dem Stand der Grundlagen der Arbeitsgesetzgebung aufbauende, von einem Kollektiv unter der Leitung von W. S. Andrejew verfaßte Hochschullehrbuch.[14] Es vollzog sich immer mehr der Übergang – weg von bloßen Auswertungen und Studienaufenthalten – zu Formen der Zusammenarbeit, ja, der Gemeinschaftsarbeit, wurden die im Vergleich mit uns wesentlich stärkeren Potenzen sowjetischer Arbeitsrechtstheorie erschlossen. So bestehen seit den 70er Jahren kontinuierliche vertragliche Beziehungen zwischen den Lehrbereichen Arbeitsrecht an den Universitäten, Hochschulen und Akademien der UdSSR und der DDR. Zum Teil sind sie auf gemeinsame Projekte von Arbeitsrechtstheoretikern aller sozialistischen Bruderländer gerichtet.

Arbeitsrechtler aus der DDR nahmen nicht nur an Veranstaltungen in der UdSSR teil, sondern veranstalteten selbst internationale Symposien; so 1974 zur Entwicklung des Arbeitsrechts, 1975 zur Gleichberechtigung der Frau, 1976 zur Kodifizierung, 1979 zur Arbeitsrechtsprechung und 1984 zur Stellung des Arbeitskollektivs und der Persönlichkeit sowie 1978 zu den arbeitsrechtlichen Verträgen zwischen Werktätigen und Betrieb. Aus solcher Zusammenarbeit erwuchsen gemeinsame Publikationen. Bemerkenswert sind Sammelbände mit Beiträgen von Autoren der UdSSR und anderen sozialistischen Bruderländern, die der Verlag Nauka, Moskau, in regelmäßigen Abständen herausgibt; so im Jahre 1979 zur Kodifikation der Arbeitsgesetzbegung der sozialistischen Länder, 1981 zum Arbeitsrecht unter den Bedingungen des wissenschaftlich-technischen Fortschritts und im Jahre 1985 zur Stellung des Arbeitskollektivs und der Persönlichkeit im Arbeitsrecht der sozialistischen Länder. Im Zuge der damit gesammelten Erfahrungen konnte inzwischen ein beachtliches Niveau der Arbeitsrechts- und Arbeitsrechtstheorievergleichung erreicht und die gemeinschaftliche Erarbeitung theoretischer Standpunkte vorangebracht werden.

Zu den künftigen Aufgaben der Arbeitsrechtswissenschaft der DDR

Die Aufgaben der Arbeitsrechtswissenschaft der DDR sind vielfältig. Sie reichen von den wachsenden Lehr- und Weiterbildungsverpflichtungen bis hin zur Mitarbeit in internationalen Gremien. Ihre inhaltlichen Hauptforschungsvorhaben können auf Grund der engen Wechselbeziehung von Arbeitsrecht und Entwicklung der Arbeitsverhältnisse nur unter diesem Aspekt bestimmt werden. Dabei ist davon auszugehen, daß die wichtigsten und profilbestimmenden Arbeitsverhältnisse im Gegenstandsbereich des Arbeitsrechts ihrerseits Bestandteil der Produktionsverhältnisse sind. Die Arbeitsverhältnisse werden also in ihrem Wesen determiniert von der dialektischen Wechselbeziehung zwischen Produktionsverhältnissen und Produktivkräften. Diese wiederum wird gegenwärtig von den Erfordernissen der intensiv erweiterten Reproduktion, deutlicher, von der umfassenden Intensivierung geprägt. Aufgabe der Arbeitsrechtswissenschaft ist es deshalb zu erforschen, welche Wirksamkeit die Vorschriften unseres Arbeitsrechts heute auf entscheidenden Gebieten der Arbeitsverhältnisse, ihrer Leitung und Planung haben, und was zu unternehmen ist, um diese Effektivität im Sinne der Erschließung der grundlegenden Übereinstimmung der gesellschaftlichen, kollektiven und persönlichen Interessen bei der Lösung der Hauptaufgabe in Einheit von Wirtschafts- und Sozialpolitik weiter zu steigern.

Von wesentlicher Bedeutung für die arbeitsrechtliche Forschung ist die Rolle, die hierbei die lebendige Arbeit in der ökonomischen Strategie bei der Lösung der Hauptaufgabe in ihrer Einheit von Wirtschafts- und Sozialpolitik spielt, und die Notwendigkeit, die Effektivität der lebendigen Arbeit durch die weitere Ausprägung ihrer sozialistischen Wesenszüge im Zuge der umfassenden intensiv erweiterten Reproduktion auch für die Zukunft noch wesentlich anzuheben.

Ein wichtiger Aspekt ist dabei die wachsende Notwendigkeit hoher Arbeitsdisziplin als unerläßliche Voraussetzung für die weitere Erfüllung der Hauptaufgabe, für die effektivere Nutzung unseres Arbeitsrechts, für die Durchsetzung des Leistungsprinzips, für die Verwirklichung sozialistischer Demokratie bei der Leitung der Arbeitsverhältnisse und die Tatsache, daß soziale Sicherheit kein Geschenk ist und unter den komplizierten Bedingungen der 80er Jahre nur gewährleistet werden kann, wenn dafür eine hohe Qualität und Effektivität der Arbeit jedes einzelnen die Voraussetzungen schafft, wenn der einzelne sein Recht auf Arbeit und Inanspruchnahme der sozialen Errungenschaften noch wirksamer und spürbarer mit der gewissenhaften Erfüllung seiner Arbeitspflichten verbindet, die Einheit von Rechten und Pflichten das Denken und Handeln der Werktätigen motiviert und bestimmt.

Ein solches Handeln stellt ein die objektiven Erfordernisse der sozialistischen Produktionsverhältnisse realisierendes Arbeitsverhalten der Werktätigen dar und eine der wichtigsten Reserven für Qualität und Tempo des intensiven Weges des Wachstums der Produktion. Dabei geht es um die Herausbildung und Festigung eines sozialistischen Arbeitsverhaltens, das durch hohe Arbeitsdisziplin, sozialistische Kollektivität und Schöpfertum in der Arbeit gekennzeichnet ist.

Anmerkungen

1 Aufruf zum 40. Jahrestag des Sieges über den Hitlerfaschismus und der Befreiung des deutschen Volkes, in: Neues Deutschland vom 11. Januar 1985, S. 1.
2 Vgl. F. Kunz/W. Tippmann, Die Entwicklung des Arbeitsrechts in Deutschland, Berlin 1956, S. 63ff. und R. Schneider, Geschichte des Arbeitsrechts der Deutschen Demokratischen Republik, Berlin 1957, S. 15ff.
3 Vgl. Geschichte der Sozialistischen Einheitspartei Deutschlands, Abriß, Berlin 1978, S. 113ff.
4 Vgl. Dokumente der SED, Bd. 1, Berlin 1952, S. 5ff. S. 91ff. und S. 139ff.
5 Vgl. K. Karx/F. Engels, Werke, Bd. 4, Berlin 1959, S. 481.
6 Vgl. Autorenkollektiv, Sozialistisches Arbeitsrecht – Instrument zur Verwirklichung der Einheit von gesellschaftlichen, kollektiven und persönlichen Interessen, Berlin 1980.
7 Vgl. F. Kunz, Die Herausbildung des sozialistischen Arbeitsrechts, in: Neue Justiz, 10/1979, S. 430ff.
8 W. I. Lenin, Über die Arbeitsgesetzgebung, Berlin 1962, S. 609ff. bzw. S. 633ff; Vgl. F. Kunz, Lenins Ideen über die Arbeitsgesetzgebung und ihre Verwirklichung in der DDR, in: Neue Justiz, 8/1970, S. 225ff.
9 Vgl. Aus den Kommissionen für Gesetzgebungsvorschläge des Unionssowjets und des Nationalitätsowjets des Obersten Sowjets der UdSSR. Grundlagen für die Arbeitsgesetzgebung der Union der SSR und der Unionsrepubliken (Entwurf), in: Staat und Recht, 1/1960, S. 152ff.
10 Vgl. Autorenkollektiv, Unser neues Gesetzbuch der Arbeit, Berlin 1961, S. 10ff.
11 Vgl. S. A. Iwanow, Das Grundgesetz der Arbeit der UdSSR und der Unionsrepubliken, in: Arbeit und Arbeitsrecht, 4/1971, S. 117ff. und 5/1971, S. 147ff.; F. Kunz, Bedeutsame Weiterentwicklung des sowjetischen Arbeitsrechts, in: Neue Justiz, 1/1971, S. 20ff. und ders., Die Grundlagen der sowjetischen Arbeitsgesetzgebung und das Gesetzbuch der Arbeit der DDR, a. a. O., 3/1971, S. 61ff.
12 A. J. Pascherstnik, Rechtsfragen der Entlohnung der Arbeiter und Angestellten, Berlin 1955.
13 Lehrbuch des sowjetischen Arbeitsrechts, hrsg. unter der Red. von N. G. Alexandrow, Berlin 1952.
14 Autorenkollektiv unter Leitung von W. S. Andrejew, Sowjetisches Arbeitsrecht, Berlin 1974.

Richard Hähnert

Die demokratische Bodenreform – Ausgangspunkt für die Entwicklung des LPG-Rechts

Das Thema dieser Tagung gibt Veranlassung zur Rückerinnerung an ein Ereignis, das ohne die Befreiungstat der UdSSR undenkbar wäre – die demokratische Bodenreform. Ihr 40. Jahrestag im September 1985 ist angesichts ihrer Bedeutung für die Veränderung der gesellschaftlichen Verhältnisse auf dem Lande zurecht besonders gewürdigt worden.

Auf zwei Gesichtspunkte, die im Hinblick auf die Bodenreform besonders wichtig sind, sei hingewiesen: *Erstens* die Bedeutung des Zusammenwirkens zwischen der Sowjetischen Militäradministration in Deutschland (SMAD) und den entstehenden revolutionär-demokratischen Machtorganen bei der Durchführung der Bodenreform und *zweitens* die strikte Wahrung der Gesetzlichkeit bei der Verwirklichung der Rechtsvorschriften der Bodenreform. Die Situation damals war die, daß sich die Kräfte für die antifaschistisch-demokratische Umwälzung auf dem Lande erst formieren mußten, bevor eine so bedeutsame Maßnahme wie die Bodenreform in Angriff genommen werden konnte. Unter dieser Sicht ist es von historischem Interesse, daß das Verordnungsblatt der Provinzialverwaltung Mark Brandenburg vom 4. 7. 1945 eine Veröffentlichung über die Bildung von Provinzialverwaltungen enthält. Es heißt dort, daß gesellschaftlich-demokratische Organisationen von Brandenburg, Mecklenburg und Sachsen an das sowjetische Militärkommando mit der Bitte um Schaffung von Provinzial- und Landesverwaltungen herangetreten sind und der Oberbefehlshaber der sowjetischen Besatzungstruppen in Deutschland und Oberste Chef der SMAD, Marschall Shukow, die aufgestellten Kandidaturen bestätigt hat.[1] Schon am 1. 10. 1945 erging ein Befehl über die Bestätigung der Kreis-, Oberland- und Landräte. Mit der Bildung dieser Organe war die staatliche Basis für die Durchführung der Bodenreform geschaffen.[2]

Zu den Bodenreform-Gesetzen bzw. -Verordnungen vom September 1945[3] sind durch die Provinzial- und Landesverwaltungen zahlreiche Durchführungsbestimmungen bzw. Richtlinien erlassen worden. Ihr Hauptanliegen bestand darin zu sichern, daß die Bodenreform-Verordnungen nach Geist und Buchstaben konsequent verwirklicht werden, also die revolutionär-demokratische Gesetzlichkeit strikt gewahrt wurde. Unterwanderungen der Bodenreform-Verordnungen wurde ebenso nachgegangen wie Überspitzungen. Dafür einige Beispiele:

In einer Richtlinie des Präsidenten der Provinzialverwaltung Mark Brandenburg vom 22. 10. 1945 wird auf Versuche hingewiesen, die Bodenreform-Verordnung zu umgehen, indem Großgrundbesitzer anstreben, ihre der Bodenreform unterliegenden Betriebe zu teilen, zu veräußern bzw. zu belasten. Es wird bestimmt, daß solche Handlungen der Staatsanwaltschaft zur Verfolgung zu übergeben sind.[4]

Mit gleicher Konsequenz wird in einer anderen Richtlinie der Provinzialverwaltung Brandenburg vom 3. 12. 1945 über die Enteignung des Nazibesitzes darauf verwiesen, daß auch gegenüber diesen Personen die Gesetzlichkeit zu wahren ist.

Es wird deutlich gemacht, daß die Enteignung des Grundbesitzes von Faschisten gründlich zu prüfen und exakt festzustellen ist, ob sie unter den zu enteignenden Personenkreis fallen. Es heißt: „Allgemeine Angaben wie, Besonders aktiver Faschist', ,Brutaler Mensch', genügen nicht zur Enteignung. Derartige Anträge können von der Provinzialkommission nicht bestätigt werden ... Die Kreiskommissionen sollen erforderlichenfalls die zu enteignenden Personen zur Vernehmung laden und ihre Einwände in Erwägung ziehen. Ungesetzliche Enteignungen müssen rückgängig gemacht werden ... In diesen Fällen müssen die Herren Landräte sich der schon eingesetzen Siedler besonders annehmen und dafür Sorge tragen, daß ihnen an anderer Stelle gleichwertige Siedlerstellen zugewiesen werden."[5]

Am 4. 1. 1946 wird in einer Richtlinie klargestellt, daß es unzulässig ist, wenn die Ausschüsse der „Gegenseitigen Bauernhilfe" die ihnen übergebenen Traktoren und anderen Großmaschinen nicht an die Bauern ausleihen, sondern kollektive Bewirtschaftungsformen propagieren, d. h. die Ausschüsse dem einzelnen Bauern nicht die Möglichkeit einräumen, seinen Boden mit Hilfe dieser Maschinen zu bewirtschaften. In der gleichen Richtlinie wird gerügt, daß sich Gemeindeverwaltungen Wohn- und Wirtschaftsgebäude der enteigneten Güter zugeteilt haben, ohne auf die Bedürfnisse und den gesetzlichen Anspruch der Neubauern, als erste möglichst gesunde Wohnbedingungen zu erhalten, Rücksicht zu nehmen.[6]

So liegen den Rechtsvorschriften zur demokratischen Bodenreform bereits zahlreiche erkennbare Prinzipien zugrunde, die für die Entwicklung des Rechts, vornehmlich des LPG-Rechts, auch später maßgeblich sind:

– Die Durchsetzung der Agrarpolitik erfolgt unter Führung und Hilfe der Arbeiterklasse und des Staates und im festen Bündnis mit den Bauern. Die rechtlichen Regelungen haben diesen Prozeß zu gestalten und zu sichern.
– In der Agrarpolitik erfolgen die jeweiligen Schritte in der Entwicklung unter aktiver Einbeziehung der Bauern, die über die Grundfragen der Entwicklung der Landwirtschaft eigenverantwortlich entscheiden.
– In der Agrarpolitik werden stufenweise die Entwicklungsschritte vollzogen, die in der jeweiligen Etappe der gesellschaftlichen Entwicklung ökonomisch, politisch und sozial möglich sind.

Diese Grundsätze haben sich, angereichert durch weitere, wie z. B. das Prinzip der Freiwilligkeit, später vor allem mit der Bildung der landwirtschaftlichen Produktionsgenossenschaften (LPG), bis in die heutige Zeit hinein erhalten, wo es in der Landwirtschaft darum geht, durch die weitere Vertiefung der Kooperationsbeziehungen zwischen den LPG, volkseigenen Gütern (VEG) und anderen Betrieben den landwirtschaftlichen Reproduktionsprozeß in seiner Einheit von Pflanzen- und Tierproduktion unter den Beeingungen spezialisierter Lndwirtschaftsbetriebe zu gestalten.

Das gegenwärtige LPG-Recht, wie es vor allem im LPG-Gesetz[7] und in den Musterstatuten der LPG[8] vergegenständlicht ist, ist somit in vielem in den Grundsätzen bereits mit den Rechtsvorschriften zur Bodenreform begründet worden. Die Bewahrung und weitere Ausprägung dieser Grundsätze ist Grundlage für eine stabile Entwicklung der durch das genossenschaftliche Eigentum geprägten Landwirtschaft der DDR. Dabei ist die Gestaltung und Vertiefung der Kooperationsbeziehungen auf lange Sicht der Weg zur weiteren Intensivierung der landwirtschaftlichen Produktion. Die im LPG-Gesetz enthaltenen Rechtsgrundsätze der Kooperation, wie Freiwilligkeit der Bildung und Wahl der Formen durch die Kooperationspartner, Beibehaltung der ökonomischen und juristischen Selbständigkeit der kooperierenden Partner, Gleichberechtigung der Partner, haben sich in der Praxis bewährt.

Es ist heute unbestritten, daß die Entwicklung der Landwirtschaft objektiv zur Herausbildung kooperativer Wirtschaftorganisationen drängt. Beispiele hierfür sind die Kooperationen der LPG und VEG und die Agrar-Industrie-Vereinigungen. Diesem Prozeß liegen zunächst prinzipiell die gleichen Gesetzmäßigkeiten zugrunde, die in der Industrie zur Bildung der Kombinate geführt haben, aber infolge der Spezifik des genossenschaftlichen Eigentums sind die in der Landwirtschaft sich herausbildenden Rechtsformen kooperativer Organisationen damit nicht einfach zu vergleichen. Zur Verdeutlichung soll es hier genügen, darauf hinzuweisen, daß die kooperativen Organisationen in der Landwirtschaft durch kollektive Organe geleitet werden, die Beschlüsse nach dem Einstimmigkeitsprinzip zu fassen sind und die LPG selbst festlegt, welche Befugnisse auf die kooperativen Organe übertragen werden. In diesem Sinne wird es im Zusammenhang mit künftigen Forschungsvorhaben darum gehen, aus rechtlicher Sicht dazu beizutragen, die effektivsten Wirkungsformen des genossenschaftlichen Eigentums zu finden.

Anmerkungen

1 Veröffentlichung vom 4. Juli 1945, Verordnungsblatt der Provinzialverwaltung Mark Brandenburg 1945 Nr. 1, S. 1.
2 Befehl des stellvertretenden Chefs der Sowjetischen Militäradministration der Provinz Mark Brandenburg vom 10. August 1945, Verordnungsblatt der Provinzialverwaltung Mark Brandenburg 1945, Heft 1, S. 2.
3 Vgl. z. B. VO über die Bodenreform in der Provinz Mark Brandenburg vom 6. September 1945. Verordnungsblatt der Provinz Mark Brandenburg 1945 Nr. 1, S. 6.
4 Vgl. Richtlinie des Präsidenten der Provinzialverwaltung Mark Brandenburg vom 22. Oktober 1945, betreffend Versuche, die Bodenreform-Verordnung zu umgehen, Verordnungsblatt der Provinzialverwaltung Mark Brandenburg 1945 Nr. 3, S. 55.
5 Vgl. Richtlinie des Präsidenten der Provinzialverwaltung Mark Brandenburg vom 3. Dezember 1945 über die Enteignung von Nazibesitz, Verordnungsblatt der Provinzialverwaltung Mark Brandenburg 1946 Nr. 4, S. 56.
6 Richtlinie des Präsidenten der Provinzialverwaltung Mark Brandenburg vom 4. Januar 1946 über die schnelle Beseitigung von Schwächen bei der Durchführung der demokratischen Bodenreform, Verordnungsblatt der Provinz Mark Brandenburg 1946 Nr. 5, S. 72.
7 Gesetz über die landwirtschaftlichen Produktionsgenossenschaften (LPG-Gesetz) vom 7. Juli 1982, GBl. I, Nr. 25, S. 443.
8 GBl. Sdr. Nr. 937.

Erich Buchholz

Die Herausbildung eines sozialistischen Strafrechts in der DDR und die künftigen Aufgaben der strafrechtlichen Wissenschaften

Strafrecht und Strafjustiz sind als markante staatliche Attribute der politischen Macht und Klassenherrschaft besonders eng mit revolutionären Umwälzungen verbunden. Das Strafrecht des Imperialismus in Deutschland hatte unter dem Hitlerfaschismus in Ergänzung zu dem dort massenhaft praktizierten offen ungesetzlich-außergerichtlichen Terror einen beispiellosen Mißbrauch und eine Pervertierung in ein offenkundiges Straf-Unrecht erfahren. Das Potsdamer Abkommen und die Gesetzgebung des Alliierten Kontrollrates forderten eine grundsätzliche Umgestaltung des Strafrechts auf allgemein-demokratischer, antifaschistischer Grundlage: Abschaffung aller nazistischen Gesetze, Bestrafung der Kriegsverbrecher und die Reorganisierung des Gerichtswesens.[1] Indessen ist diese begründete rechtspolitische Forderung nur dort und in dem Maße Wirklichkeit geworden, wo und wie die staatlich-justizielle Maschinerie der Hitlerdiktatur durch die Rote Armee der Sowjetunion und durch die Maßnahmen der sowjetischen Besatzungsmacht tatsächlich und vollständig zerschlagen und die faschistische Strafrechtsordnung liquidiert wurde. Dadurch wurde dem deutschen Volke die Chance zu einer grundsätzlichen Neugestaltung des Strafrechts und der Strafjustiz gegeben. Ihre Wahrnehmung führte in der sowjetischen Besatzungszone und später in der DDR in einem einheitlichen revolutionären Prozeß über die antifaschistisch-demokratische Umwälzung zur Herausbildung und Ausprägung einer sozialistischen Qualität des Strafrechts und der Strafrechtspflege.

Erstmals in der Geschichte des deutschen Volkes dienten nunmehr Strafrecht und Strafjustiz den Interessen des Volkes, wurde Strafrecht von Frauen und Männern aus dem Volke angewandt und wurde das Volk an der Ausübung des Strafrechts unmittelbar beteiligt. Von Anfang an waren Demokratie und Humanismus deutliche Wesenszüge dieses neuen Strafrechts. Sie markierten die prinzipielle Überlegenheit gegenüber jedem früheren Strafrecht in Deutschland sowie dem im Westen konservierten alten Strafrecht und sie manifestierten die Gemeinsamkeit mit dem sowjetischen Strafrecht als dem ersten sozialistischen Strafrecht der Welt.

Die vom antifaschistisch-demokratischen und später sozialistischen Strafrecht in unserem Lande zu lösenden Aufgaben trugen von Anfang an nicht nur praktischen bzw. praktisch-politischen Charakter. Es handelte sich vielmehr stets zugleich auch um komplizierte ideologisch-theoretische Fragen, die entschieden werden mußten, um wichtige Aufgaben in der Praxis zu bewältigen. Dabei handelte es sich um solche Fragen wie: Welche 1945 vorliegenden Strafbestimmungen waren faschistisches Inhalts und welche konnten nunmehr im Interesse des Volkes weiterhin angewandt werden? Welche Funktion hatten die von der sowjetischen Besatzungsmacht erlassenen Strafbestimmungen, wie z. B. der Befehl 160[2], zu erfüllen? Inwiefern waren selbst Regelungen, die bereits vor dem Machtantritt des

Faschismus existierten, mit den Prinzipien antifaschistisch-demokratischer bzw. sozialistischer Strafrechtspflege vereinbar?

Für die Entwicklung des neuen Strafrechts und einer neuen Strafrechtswissenschaft waren die praktischen Erfahrungen und die theoretischen Erkenntnisse der Sowjetunion von prinzipieller Bedeutung. Das sowjetische Strafrecht, die sowjetische Strafrechtswissenschaft waren bereits Ergebnisse aus der Umsetzung und Nutzanwendung der Erkenntnisse von K. Marx, F. Engels und W. I. Lenin auf diesen Gegenstand. So wurde für uns die allgemeine marxistische Lehre vom Klassencharakter des Rechts zu einer nutzbaren Erkenntnis über den Einsatz des Strafrechts zur Erfüllung konkreter Aufgaben in den verschiedenen Etappen der revolutionären Umgestaltung der Gesellschaft. Wir Strafrechtler lernten, die Straftat nicht als juristische Kategorie, als Verletzung von Rechtsvorschriften, sondern als soziale Erscheinung zu begreifen und in einer materiellen Definition, einem materiellen Straftatsbegriff auszudrücken. In der Tatbestandslehre reflektierte sich für uns eine neue Auffassung von Gesetzlichkeit, und wir verstanden die Strafe, uns von idealistischen Vergeltungskonzepten befreiend, als konkrete staatliche Maßnahme, deren Zwecke der historischen Aufgabenstellung unterzuordnen waren.

Für die Entwicklung der Strafrechtswissenschaft in der DDR ist in diesem – auch zeitlichen – Zusammenhang bedeutsam und spezifisch die Auseinandersetzung mit der faschistischen Strafrechtspraxis und -ideologie sowie mit den dieser den Weg bereitenden imperialistischen Strafrechtslehren, eine Aufgabe, die in der Auseinandersetzung mit den dann im imperialistischen Westdeutschland weiter gepflegten Lehren ihre aktuelle Fortsetzung erlebte.

Mit Hilfe der sowjetischen Genossen konnten innerhalb weniger Jahre zahlreiche grundlegende Strafgesetze geschaffen werden, die vor allem dem Schutz der neuen gesellschaftlichen Verhältnisse, der Planwirtschaft, des Volkseigentums, der staatlichen Macht der Arbeiter und Bauern dienten. In ihnen waren die neuen Auffassungen von der Straftat und Strafe und dem Strafverfahren fixiert, kam der neue demokratische Stil der Strafrechtspflege in eigenen Rechtsvorschriften und Gesetzbüchern zum Ausdruck. Unter Führung der SED wurde es immer besser verstanden, aus der konkreten Geschichte und Praxis des sowjetischen Strafrechts, das aus einer ganz spezifischen Vorgeschichte und Tradition erwachsen war, und den Erkenntnissen sowjetischer Strafrechtswissenschaftler die allgemeingültigen Gesetzmäßigkeiten und Wesenszüge eines Strafrechts sozialistischen Typus zu erfassen und diese auf die spezifischen und konkret-historischen Bedingungen der Gesellschaftsentwicklung in der DDR schöpferisch anzuwenden. Als Ergebnis bedeutsamer Entwicklungsstufen sind im Jahre 1968 strafrechtliche Kodifizierungen entstanden, die sowohl die Wesensübereinstimmung mit dem sowjetischen Strafrecht als auch international beachtete eigenständige Lösungen konkreter Einzelfragen enthalten. So konnte die DDR zugleich ihren Beitrag zum Erfahrungsschatz der sozialistischen Länder auf strafrechtlichem Gebiet leisten.

Auch bei der Herausbildung einer eigenständigen kriminologischen Wissenschaft zu Beginn der 60er Jahre leistete die Sowjetwissenschaft, die damals die kriminologischen Forschungen mit der Hauptorientierung der Kriminalitätsvorbeugung wieder aufgenommen hatte, uns unschätzbare Hilfe. Die wissenschaftlichen Fortschritte, die wir in den strafrechtlichen Disziplinen erreicht haben, basieren auf der Nutzung von Errungenschaften, Erfahrungen und Erkenntnissen der sowjetischen Strafrechtler aus Theorie und Praxis. Die Wirksamkeit und Dauerhaftigkeit ihrer Unterstützung dokumentierte sich vor allem darin, daß wir zunehmend besser befähigt wurden, auf gemeinsamer ideologischer und methodologischer Basis ein eigenständiges Herangehen an die realen Probleme und unseren Bedingungen gemäß Lösungen zu entwickeln.

Besonders seit dem VIII. Parteitag der SED wurden auch auf strafrechtswissenschaftlichem Gebiete die Probleme konstruktiv und realistisch mit stärkerer Orientierung auf die gesellschaftliche Praxis in Angriff genommen. So konnten Rolle, Wirksamkeit, Möglichkeiten und Grenzen des Strafrechts im Kampf gegen die Kriminalität bei der weiteren Gestaltung der entwickelten sozialiatischen Gesellschaft in der DDR realistischer bestimmt und vor allem die sozialen Bedingungen und Voraussetzungen, von denen weitere Erfolge bei der Vorbeugung von Straftaten und anderen Rechtsverletzungen abhängen, klarer herausgearbeitet werden.

Dieser Fortschritt und Erkenntnisstand ermöglicht es heute, die künftigen Forschungsaufgaben in den strafrechtlichen Disziplinen genauer zu präzisieren, um die im Weltmaßstab beachtlichen Erfolge der DDR im Kampf gegen die Kriminalität weiter auszubauen und so zur Stärkung des Sozialismus und des Friedens beitragen zu können. Solche Fortschritte hängen indessen vor allem davon ab, wie es den strafrechtlichen Wissenschaften in Theorie und Praxis gelingt, bei der weiteren Gestaltung der entwickelten sozialistischen Gesellschaft die Vor- und Wesenszüge der sozialistischen Gesellschaft zu nutzen und daraus produktive Triebkräfte auch zur Vorbeugung von Rechtsverletzungen zu entfalten, durch entsprechende Leitungstätigkeit die weitere Ausprägung der sozialistischen Demokratie und Lebensweise zu fördern, wie es gelingt, diese Potenzen in allen Bereichen des gesellschaftlichen Lebens auch zur Gewährleistung von Gesetzlichkeit, Ordnung und Sicherheit, zur Vorbeugung von Rechtsverletzungen wirksam werden zu lassen.

Von prinzipieller Bedeutung ist und bleibt es, die Verwirklichung des sozialistischen Strafrechts nicht auf die Justiz- und Sicherheitsorgane zu begrenzen, sondern im Sinne des Art. 90 der Verfassung[3] die Verhinderung von Rechtsverletzungen im Alltag zum Anliegen der ganzen Gesellschaft zu machen. Da Kriminalität, namentlich die allgemeine Kriminalität, als gesellschaftliche Erscheinung nur unter ganz konkreten sozialen Bedingungen im gesellschaftlichen Leben auftritt, muß die Vorbeugung solcher Rechtsverletzungen, insbesondere schwerer Schädigungen der Volkswirtschaft, organischer, aber spezifischer und sachgerechter Bestandteil der Leitung und Planung entsprechender ökonomischer, sozialer und geistig-kultureller Prozesse werden, um kurz- wie langfristig dem Entstehen negativer, kriminalitätsbegünstigender Konstellationen von Bedingungen entgegenzuwirken. Von entscheidender Bedeutung ist hierbei die Orientierung auf die öffentliche Bewegung für Ordnung und Sicherheit in den Betrieben und Territorien und die öffentliche Kontrolle über die Einhaltung der sozialistischen Gesetzlichkeit durch jedermann, sind detaillierte Analysen und konkrete Lösungsvorschläge für die betreffenden Leitungsprozesse, was eine qualitativ höhere Stufe spezifischer interdisziplinärer und praxisorientierter Kooperation erforderlich macht.

Große Bedeutung kommt auch der weiteren erfolgreichen Zurückdrängung der Jugendkriminalität zu. Hier gilt es, in Verwirklichung der sozialistischen Jugendpolitik das koordinierte Zusammenwirken der verschiedenen Erziehungsträger langfristig substantiell so zu vervollkommnen, daß eine soziale Fehlentwicklung Jugendlicher, aus der auch Straftaten erwachsen können, weiter eingeschränkt und namentlich frühzeitig verhindert wird. Diese Aufgabe ist nicht mit besseren Einzelmaßnahmen zu lösen, sie erfordert vielmehr eine unfassende qualitative Weiterentwicklung des Wirkens der ganzen sozialistischen Gesellschaft bei der Erziehung der jungen Staatsbürger zu sozialistischen Persönlichkeiten.

Damit ist zugleich erneut die Frage nach dem Platz, der Rolle und den Möglichkeiten des Strafrechts bei der weiteren Gestaltung der entwickelten sozialistischen Gesellschaft gestellt. Sie verlangt, erneut auf höherer Stufe der Gesellschaftsentwicklung Wesen und Begriff der Straftat, den sozialen Inhalt des Kriminellen, des kriminellen Unrechts zu bestimmen, um daraus Schlußfolgerungen für die politisch so bedeutsame prinzipielle Abgrenzung zu anderen nichtkriminellen Rechtsverletzungen und für eine optimale Gestaltung der Wechselbeziehungen der verschiedenen Verantwortlichkeitsformen abzuleiten. Das ist aber die Frage nach der Optimierung des Schutzes der Interessen der sozialistischen Gesellschaft und ihrer einzelnen Glieder mit dem differenzierten Einsatz staatlich-rechtlicher Mittel. Nach Maßgabe, wie uns diese Optimierung gelingt, wird damit nicht nur zur weiteren Vervollkommnung der Beziehungen Staat – Bürger und der sozialistischen Demokratie, sondern auch zur Entwicklung des Moral-, Rechts- und Verantwortungsbewußtseins, der Ausprägung der sozialistischen Lebensweise der Bürger beigetragen. Da Strafrecht nur im Strafverfahren zur Anwendung kommt, hängt die Wirksamkeit des Strafrechts ganz wesentlich auch von der Gestaltung des Strafverfahrens, vom Niveau des sozialistischen Verfahrensrechts ab. Die Weiterentwicklung der rechtlichen Beziehungen in diesen demokratischen Tätigkeitsformen muß nicht nur zuverlässig die Feststellung der strafrechtlichen Verantwortlichkeit Schuldiger gewährleisten, sondern durch überzeugende Verfahrensdurchführung und moralisch-politische Ausstrahlung auch differenzierte soziale Aktivitäten der Bürger und zielgerichtete Leitungsaktivitäten auslösen, um eine größere vorbeugende Wirksamkeit hervorzurufen. Unter Anknüpfung an gemeinsame und differenzierte soziale Interessen, die im Verfahren zur Geltung gebracht werden, haben adäquate prozessuale Rechtsformen, die dem erreichten gesellschaftlichen Entwicklungsstand entsprechen, mit dazu beizutragen, das Vertrauensverhältnis Staat – Bürger zu stärken und soziale Triebkräfte zu entfalten. Spezifische Aufmerksamkeit verdient in diesem Zusammenhang die erfolgreiche Tätigkeit der gesellschaftlichen Gerichte, um die durch die neue Gesetzgebung gebotenen Möglichkeiten allseitig auszuschöpfen und so gesellschaftliches Verantwortungsbewußtsein als wesentliche Seite sozialistischer Demokratie und Lebensweise weiter auszuprägen.

Anmerkungen

1 Vgl. Proklamation Nr. 3 des Alliierten Kontrollrates: Grundsätze für die Umgestaltung der Rechtspflege vom 20. Oktober 1945, Amtsblatt des Kontrollrates in Deutschland 1945, Nr. 1. S. 22.

2 Vgl. Befehl 160 der Sowjetischen Militäradministration in Deutschland (SMAD) über die Verantwortlichkeit für Sabotage und Diversionshandlungen vom 3. Dezember 1945, Amtliche Nachrichten von Sachsen, 1946, S. 44.

3 Verfassung der Deutschen Demokratischen Republik vom 6. April 1968 in der Fassung des Gesetzes zur Ergänzung und Änderung der Verfassung der Deutschen Demokratischen Republik vom 7. Oktober 1974, Berlin 1974.

Joachim Göhring

Die Hilfe des sowjetischen Zivilrechts und der Zivilrechtswissenschaft im Prozeß der Herausbildung eines sozialistischen Zivilrechts in der DDR

Bei der Herausbildung eines antifaschistisch-demokratischen und dann sozialistischen Rechts auf dem heutigen Territorium der DDR darf nicht übersehen werden, daß die Ausgangsbedingungen hinsichtlich der einzelnen Rechtszweige sehr unterschiedlich waren.

Das Zivilrecht bildete bis zum Zeitpunkt der Zerschlagung des Faschismus unbestritten den Kern des bürgerlichen Rechts. Es regelte das alles entscheidende kapitalistische Eigentum an den Produktionsmitteln und die entscheidenden Phasen des kapitalistischen Reproduktionsprozesses. Erfaßt wurden daher insbesondere auch die Beziehungen des Verkaufs und Kaufs der Ware Arbeitskraft und der Realisierung und Umverteilung des Mehrwerts, und nur folgerichtig waren unter kapitalistischen Bedingungen auch die Familienbeziehungen einbezogen.

Dieser Ausgangspunkt ließ es nicht zu, isoliert damit zu beginnen, auch nur mittelfristig den Platz des Zivilrechts unter den veränderten und sich weiterhin stürmisch verändernden gesellschaftlichen Beziehungen zu bestimmen. Ein solcher Versuch mußte zum Scheitern verurteilt sein. Er hätte bedeutet, aus dem Blickwinkel eines Rechtszweiges die Entwicklung tragender Beziehungen der neuen gesellschaftlichen und staatlichen Ordnung zu prognostizieren. Tatsächlich ging die Entwicklung auch anders vor sich. Zwei Prozesse liefen eng miteinander verflochten ab:

- Die gesamtgesellschaftlichen und gesamtstaatlichen Überlegungen zur wirksamen staatlich-rechtlichen Leitung gesellschaftlicher Beziehungen auf der Grundlage der veränderten Macht- und Eigentumsverhältnisse führten zur Schaffung neuer Rechtszweige, insbesondere des Arbeits-, Familien-, LPG- und Bodenrechts. Die entsprechenden gesellschaftlichen Beziehungen schieden aus dem bisherigen Regelungsbereich des Zivilrechts aus.
- Es bedurfte seitens der Zivilrechtswissenschaft der Kenntnisnahme dieser Entwicklung und ihrer Konsequenzen, zugleich aber auch der zunehmenden Verständigung über die positive Bestimmung der Aufgaben und des Leitungsbereiches eines Zivilrechts der DDR.

Es muß objektiv festgestellt werden, daß sich dieser Prozeß bis in die Mitte der 70er Jahre erstreckt hat. Es hat in der Zeit seit dem 8. Mai 1945 nicht an Stimmen gemangelt, die diesen langwierigen Klärungsprozeß kritisch beurteilten. So bemerkte z. B. der damalige stellvertretende Leiter der Abteilung Zivilrecht im Deutschen Institut für Rechtswissenschaft, H. Büttner, daß das Zivilrecht als Teilgebiet der Rechtsordnung von Theorie und Praxis unterschätzt wurde.[1] In diesem Sinne äußerte sich auch H. Such im Vorwort zur deutschen Ausgabe des Lehrbuches „Sowjetisches Zivilrecht".[2] Aus der heutigen Sicht erscheint es mir sehr fraglich, ob in diesen ersten Jahren nach der Befreiung vom Faschismus hinsichtlich der Konzipierung eines letztlich sozialistischen Zivilrechts der DDR mehr zu leisten war als tatsächlich geleistet worden ist.

Erst die in den Beschlüssen der Partei der Arbeiterklasse erfolgte Formulierung der Hauptaufgabe bei der Gestaltung der entwickelten sozialistischen Gesellschaft in der DDR und die Bestimmung der Konsequenzen der Einheit von Wirtschafts- und Sozialpolitik schufen den Ausgangspunkt für die Zuweisung des Platzes des Zivilrechts im Ensemble der Zweige des sozialistischen Rechts auf lange Sicht.

In diesem vielschichtigen Klärungsprozeß, der, wie gezeigt, ein Vierteljahrhundert gedauert hat, ist in allen Stadien ein Einfluß des sowjetischen Zivilrechts und der sowjetischen Zivilrechtswissenschaft festzustellen – als Vorbild, Hilfe und Anregung. Das konnte aber nicht bedeuten und hat es auch nie bedeutet, undialektisch nachzuahmen und die konkreten Bedingungen und die eigenen Erfahrungen zu vernachlässigen. Eine wertvolle Hilfe war das genannte Lehrbuch des sowjetischen Zivilrechts. Es war das erste nach dem Kriege in der UdSSR erschienene Lehrbuch des sowjetischen Zivilrechts. Genannt werden muß auch das Auftreten sowjetischer Gastprofessoren an verschiedenen Universitäten der DDR, z. B. Prof. Dr. V. A. Tarchow[3]. Auf diesen und anderen Wegen wurden Kenntnisse und Erkenntnisse hinsichtlich der Anwendung der marxistisch-leninistischen Rechtsauffassung auf einen bestimmten Rechtszweig vermittelt. Im Falle des sowjetischen Zivilrechts ist ferner der glückliche Umstand zu verzeichnen, daß W. I. Lenin mit einer Vielzahl von Stellungnahmen unmittelbar Einfluß auf die erste Zivilrechtskodifikation in der UdSSR, das ZGB der RSFSR vom 11. November 1922, in Kraft seit dem 1. Januar 1923, genommen hat.[4]

In diesem Rahmen seien nur folgende Aspekte des Einflusses des sowjetischen Zivilrechts und der sowjetischen Zivilrechtswissenschaft angeführt:

– Die sowjetische Zivilrechtsentwicklung seit den Tagen der Oktoberrevolution bis zu dem Zeitpunkt der unmittelbaren Betrachtung nach dem Sieg über den Faschismus belegt das dialektische Herangehen an den Einsatz des Rechts als Instrument des von der Partei der Arbeiterklasse geführten Staates zur wirksamen Gestaltung der gesellschaftlichen Beziehungen im jeweiligen Entwicklungsstadium. In der Phase der unmittelbaren Durchführung der Oktoberrevolution wurden eben nicht nur die allseitig bekannten Dekrete „Über den Grund und Boden“[5] oder die „Deklaration der Rechte des werktätigen und ausgebeuteten Volkes“[6] verabschiedet, sondern auch das Dekret „Über die Aufhebung des Erbrechts“, was das Erbrecht hinsichtlich des kapitalistischen Produktionsmitteleigentums aufhob, jedoch das Erbrecht hinsichtlich des Arbeitseigentums bestätigte.[7] Der Rahmen dieses Beitrages läßt es nicht zu, näher auszuführen, wie die Perioden des Kriegskommunismus, des Übergangs zur neuen ökonomischen Politik, des Großen Vaterländischen Krieges oder schließlich die Nachkriegsperiode jeweils veränderte Anforderungen an den Einsatz des Zivilrechts für die Gestaltung der Versorgungsbeziehungen der Bürger stellten. Die sowjetische Entwicklung macht deutlich, daß es keine gesellschaftlichen Beziehungen gibt, die unter allen Bedingungen zivilrechtlich geleitet werden müssen, sondern daß es von den jeweiligen Leitungserfordernissen abhängig ist, inwieweit das Zivilrecht oder ein anderer Rechtszweig oder eine Kombination verschiedener Rechtszweige zur Leitung berufen sind.
– Ein ganz entscheidendes Problem nicht nur für die Zivilrechtswissenschaft war das Erfassen des Wesens des gesellschaftlichen Eigentums im allgemeinen und des staatlich-sozialistischen Eigentums – des Volkseigentums – im besonderen. Ich glaube nicht zu übertreiben, wenn ich sage, daß auch heute noch alle Überlegungen zum Volkseigentum nicht die Ableitungen unberücksichtigt lassen kön-

nen, die A. W. Venediktow in seiner Monographie „Das staatliche sozialistische Eigentum“[8], ausgehend von den Klassikern des Marxismus-Leninismus, vorgenommen hat. Das Wesen des Volkseigentums und die sich daraus für seine Verwaltung, die Teilnahme am Rechtsverkehr, seinen Schutz, seine Beziehungen zum persönlichen Eigentum der Bürger usw. ergebenden Konsequenzen wurden hier mit großem Nutzen auch für die Entwicklung in der DDR dargelegt.

– Von gleichfalls wesentlicher Bedeutung waren die Erfahrungen zum Einsatz des Vertrages als Rechtsform der Begründung von Rechtsverhältnissen, gerichtet auf die Befriedigung materieller und kultureller Bedürfnisse der Bürger. Beginnend mit dem Übergang zur neuen ökonomischen Politik entwickelten sich eindeutige Positionen der sowjetischen Zivilrechtswissenschaft, denen auch in der DDR gefolgt werden konnte und kann. Überall dort, wo die Entscheidung über die Inanspruchnahme von Leistungen der Gesellschaft, mögen sie nun entgeltlich oder unentgeltlich sein, dem Bürger überlassen werden kann, erweist sich in der Regel der Abschluß eines zivilrechtlichen Vertrages als die geeignetste Rechtsform. Liegen keine spezifischen, eine andere Lösung notwendig machenden Leitungserfordernisse vor, so sichert dieser Vertragsabschluß, der auf dem Hintergrund der zivilrechtlichen Kodifikation, zivilrechtlicher Nachfolgeregelungen, aber auch verwaltungsrechtlicher Festlegungen, z. B. zu Qualität und Preis, erfolgt, die Realisierung des Leistungsprinzips. Er vermittelt als eine spezifische Erscheinungsform der Realisierung des Prinzips des demokratischen Zentralismus die staatlich-rechtliche Leitung dieser Beziehungen. Dieser Vorgang besitzt auch einen hohen Stellenwert im komplizierten Prozeß des Wirkens gesellschaftlicher Triebkräfte im Sozialismus.

– Von grundsätzlicher Bedeutung für die Konzeption des Zivilrechts der DDR waren und sind auch die mindestens seit den 30er Jahren in der UdSSR zur Problematik einer möglichen Unterscheidung zwischen Zivilrecht einerseits und Wirtschaftsrecht andererseits geführten Diskussionen. Diese Diskussionen wiesen viele Schattierungen auf. Ihnen kann hier nicht nachgegangen werden bzw. nur soviel sei erwähnt, daß in den 30er und 40er Jahren die Befürworter eines sogenannten Zwei-Sektoren-Zivilrechts bzw. eines vom Zivilrecht zu unterscheidenden Wirtschaftsrechts als Vertreter politisch feindlicher Positionen angesehen wurden. Es kann hier auch nicht auf die Entwicklung der Standpunkte in der DDR eingegangen werden, sich verschiedentlich als Reflexion der in der UdSSR geführten Diskussionen darstellend. Unverzichtbar ist es aber, das gemeinsame Grundanliegen der Vertreter der beiden so unterschiedlich erscheinenden Positionen deutlich zu machen: Es ging und geht um den optimalen Einsatz des sozialistischen Rechts zur Leitung der gesellschaftlichen Beziehungen, die innerhalb des sozialistischen Reproduktionsprozesses ent- und bestehen, somit um eine immer wieder aktuelle Fragestellung. Die grundsätzlichen Antworten der Vertreter der beiden Positionen sind bekannt.

Die Juristen der ČSSR und der DDR, aber auch viele Diskussionsteilnehmer in der UdSSR und in anderen sozialistischen Staaten sehen die beste Lösung in einer spezifischen Leitung der Planungs- und Kooperationsbeziehungen der Betriebe einerseits und der Versorgungsbeziehungen der Bürger andererseits – eben durch das Wirtschafts- oder das Zivilrecht.

Die offiziellen Positionen, die aus den Kodifikationen bzw. aus vorliegenden Entwürfen für Kodifikationen in der UdSSR und anderen sozialistischen Staaten zu entnehmen sind, gehen demgegenüber von einem anderen Standpunkt aus. Nach dieser Meinung könne der Einheit des sozialistischen Reproduktionsprozesses, der Ableitung des persönlichen Eigentums aus dem gesellschaftlichen Eigentum, der Hauptaufgabe in der Einheit von Wirtschafts- und Sozialpolitik nur die Leitung durch einen einheitlichen Rechtszweig Zivilrecht gerecht werden. Es würde wiederum den Rahmen überschreiten, in eine umfassende Argumentation einzutreten. Es sei nur gesagt, daß die in den letzten Jahren zur Verwirklichung und zur Wirksamkeit des Zivilrechts der DDR geführten Untersuchungen bestätigt haben, wie positiv es war, das Zivilrecht als Rechtszweig zu verstehen, der sich im Schwerpunkt auf die Versorgungsbeziehungen der Bürger konzentriert. Auf diesem Wege gelang es, insbesondere hinsichtlich der entscheidenden Beziehungen der Versorgung der Bürger mit Wohnraum, Konsumgütern und Dienstleistungen, den Bürger *und* Betrieben die erforderlichen Orientierungen zu geben. Diese Orientierungen erfolgen in einem Umfang und in einer Konkretheit, wie das in einer Regelung, die sich zugleich auf die Kooperationsbeziehungen der Betriebe beziehen müßte, nicht der Fall sein könnte. Das wird auch von den sowjetischen, polnischen, ungarischen und bulgarischen Wissenschaftlern voll anerkannt. Zugleich zeigt sich aber, daß diese Vorzüge der Regelung sich nur dann zur vollen Wirksamkeit entfalten, wenn die Betriebe ihrer besonderen Verantwortung gerecht werden, die ihnen allgemein zur Schaffung der Voraussetzungen für die Befriedigung der materiellen und kulturellen Bedürfnisse der Bürger obliegt bzw. die sich konkret daraus ergibt, daß sie sowohl Beteiligte wirtschaftsrechtlich als auch zivilrechtlich geleiteter Beziehungen sind. Nichts wirkt hier automatisch, alles hängt davon ab, wie die Betriebe es verstehen, dieser gleichsam doppelten Subjektstellung und damit der Einheit des Reproduktionsprozesses und der Hauptaufgabe gerecht zu werden.

Ganz offensichtlich zeichnet sich in diesem Zusammenhang eine Linie ab. Sie reicht von W. I. Lenins Orientierung für die erste sozialistische Zivilrechtskodifizierung, „den Erwerb von Brot und Kleidung nicht als eine Privatsache, den Kauf und Verkauf nicht als ein Geschäft zu betrachten, das nur mich angeht“[9], über die zivilrechtlichen Regelungen in der UdSSR, die zivil- und wirtschaftsrechtlichen Bestimmungen der DDR bis hin zu den Ausführungen des Generalsekräters der SED, Erich Honecker, vor den 1. Kreissekretären am 1. Februar 1985[10], welche Anforderungen an die Betriebe für die Erfüllung ihres Anteils an der Hauptaufgabe zu stellen sind.

Für die Zivilrechtswissenschaft der DDR ergibt sich aus diesem Rückblick die Konsequenz, in ihren Bemühungen fortzufahren, die Einsatz- und Wirkungsbedingungen des Zivilrechts zu erforschen. Die Verwirklichung und Wirksamkeit des Zivilrechts bei der Regelung wesentlicher Versorgungsbeziehungen der Bürger muß dabei weiterhin eine wesentliche Rolle spielen.

Anmerkungen

1 H. Büttner, Vorwort zum Protokoll der 1. theoretischen Konferenz über Fragen des Zivilrechts, Berlin 1952, S. 3.

2 H. Such, Vorwort zur deutschen Ausgabe des Lehrbuches „Sowjetisches Zivilrecht“, Bd. I, Berlin 1953, S. 7.

3 Vgl. V. A. Tarchow, Vorlesungen über das sowjetische Zivilrecht, Berlin 1955.

4 Vgl. W. I. Lenin, Werke, Bd. 27, Berlin 1978, S. 244; Bd. 33, Berlin 1982, S. 186; Bd. 36. Berlin 1974, S. 550.

5 Vgl. UdSSR, Staat, Demokratie, Leitung, Dokumente, Berlin 1983, S. 70.
6 Ebenda, S. 76.
7 Dekret über die Aufhebung des Erbrechts vom 27. 4. 1918, in: Dekrete der Sowjetmacht, Bd. II, Moskau 1959, S. 187–191 (russ.).
8 A. W. Wenediktow, Das staatliche sozialistische Eigentum, Moskau 1948 (russ.).
9 W. I. Lenin, Die nächsten Aufgaben der Sowjetmacht, Werke, Bd. 27, Berlin 1978, S. 244.
10 Rede des Generalsekretärs der SED, Erich Honecker, vor den 1. Kreissekretären am 1. Februar 1985, in: Neues Deutschland vom 2./3. Februar 1985.

Anita Grandke

Zur Entwicklung des Familienrechts in der DDR

Im Programm der SED heißt es: „Die Sozialistische Einheitspartei Deutschlands wirkt dafür, daß sich die für die entwickelte sozialistische Gesellschaft charakteristische Art und Weise des gesellschaftlichen Lebens und individuellen Verhaltens in allen Lebensbereichen immer mehr ausprägt – bei der Arbeit und n der Freizeit, im Arbeitskollektiv und in der Familie . . ."[1]

Diese Aussage greift die elementare Bedeutung der Familie als natürliche und gesellschaftliche Erscheinung ebenso auf, wie ihre bereits erfolgte Entwicklung in unserer Gesellschaft und die weiteren Erfordernisse ihrer Gestaltung.

Die Familie hat immer einen wesentlichen Einfluß auf die Eigentums-, Klassen- und Machtverhältnisse, auf die Reproduktion der Gesellschaft und auf die Entwicklung ihrer Produktivkräfte gehabt. Deshalb ist sie immer Gegenstand von Politik und Recht gewesen.

In den Ausbeuterordnungen wurde die Familie zwar differenziert, aber durchgängig als Mittel der Systemerhaltung gebraucht und mißbraucht.

Nach der Befreiung vom Faschismus war eine Situation gegeben, in der, noch zusätzlich belastet und verzerrt durch faschistische Ziele und dementsprechende Regelungen, über die Familienbeziehungen das „Teile und Herrsche" in nicht unbeträchtlichem Umfang organisiert wurde. Das geschah durch die Entgegenstellung von Mann und Frau, durch die existentielle Abhängigkeit der Frau vom Manne und der Familie, durch die Abgrenzung der Frauen untereinander über die Bestimmung ihres Ansehens nach ihrem Familienstand, ihre Benachteiligung und Diskriminierung, durch die Einteilung der Kinder in eheliche und uneheliche und durch die soziale Ungleichheit der Familien und die grundlegende Abhängigkeit der Kinder von der Familie.

Mit der Befreiung vom Faschismus begann auf dem Gebiet der heutigen DDR zugleich der Prozeß der Befreiung der Familie von diesen sie belastenden, die Entfaltung ihrer Werte behindernden oder auch verhindernden Bedingungen. Es wurde all die Kräfte ermutigt und unterstützt, die nicht nur keinerlei Interesse an der Unterdrückung breiter Teile der Bevölkerung hatten, sondern die den demokratischen Wiederaufbau und die Gewinnung aller Kräfte des Volkes dafür auf ihre Fahnen geschrieben hatten.

Die damals getroffenen Entscheidungen hatten ihre Grundlage in den Lehren der Klassiker, in den Forderungen der KPD aus der Zeit des Kampfes um die Macht, den Vorarbeiten von August Bebel und Klara Zetkin und in den Forderungen progressiver Kräfte der verschiedenen Klassen und Schichten.[2] Sie basierten auf dem Rat und der Unterstützung der sowjetischen Genossen und den unmittelbaren Bedürfnissen der Menschen. So konnte sich die Familienpolitik von Anfang an in die antifaschistisch-demokratische Umwälzung einordnen. Sie hatte diese nicht nur zur Voraussetzung, sondern sie war zugleich ein unverzichtbarer Teil derselben, was den Inhalt der Maßnahmen und die Art und Weise des Vorgehens, nachdem direkt faschistische Gesetze durch den Alliierten Kontrollrat beseitigt und ersetzt worden waren, bestimmt.

Es ging vor allem und vorerst um die bewußte Veränderung der Stellung der Frau in der Gesellschaft und in der Familie. Von historischer Bedeutung ist dabei der SMAD-Befehl Nr. 253 vom August 1946. Durch ihn hat die Frau das Recht auf gleichen Lohn für gleiche Arbeit erhalten. Der II. Parteitag der SED im Jahre 1947 forderte vorbehaltlos die wirtschaftliche und politische Gleichberechtigung der Frau und u. a. die entsprechende Veränderung des Ehe-, Familien- und Erbrechts sowie auch die Beseitigung der Diskriminierung der „unehelichen Mutter und des unehelichen“ Kindes[3]. Bereits 1948 wurde die Zuständigkeit der Amtsgerichte in Ehescheidungssachen begründet und die Ehescheidung für viele Bürger dadurch erst ermöglicht.[4] Es wurde also bewußt auf ein Mittel des bürgerlichen Staates, die Ehe als Institution und unabhängig vom Inhalt der Beziehungen möglichst zwangsweise zu sichern, verzichtet. Im Zusammenhang mit den Maßnahmen der ersten Jahre darf nicht verabsäumt werden, auch auf die demokratische Schulreform hinzuweisen. Mit ihr wurde demokratischer Bildungsinhalt und der Anfang für gleiche Bildungsmöglichkeiten für alle Kinder, also für eine grundlegende Unabhängigkeit der Kinder von den materiellen Verhältnissen ihrer Eltern, geschaffen.

Die eben genannten Schwerpunkte bildeten auch den familienpolitischen Inhalt der Verfassung der DDR von 1949, und zwar nicht als Programm, sondern als geltendes Recht ohne Fristsetzungen oder andere Formen der Unverbindlichkeit.[5] Das Bonner Grundgesetz hatte in bezug auf die Gleichberechtigung der Frau eine Frist für die Schaffung neuer Bestimmungen bis zum Jahr 1953 gesetzt, tatsächliche Veränderungen — von ihrem Inhalt und ihrer Zielstellung muß hier abgesehen werden — sind jedoch erst 1958 in Kraft getreten. Die Rechtsstellung des außerhalb der Ehe geborenen Kindes wurde sogar erst 1970 verändert. Die Konsequenz des Vorgehens in der DDR als Merkmal der Familienpolitik zeigte klar die Führungsrolle der Arbeiterklasse und die Wirkung sowjetischer Erfahrungen, die, beginnend mit den Leninschen Dekreten über die Zivilehe, über die Kinder, das Personenstandswesen und die Eheschließung aufgebaut worden waren.[6]

Sie waren kennzeichnend auch noch für ein weiteres Merkmal der Familienpolitik der ersten Zeit und kommen in ihr bis auf den heutigen Tag zum Ausdruck: Es betrifft die Verantwortung der Gesellschaft für die Realisierungsbedingungen gegebenen Rechts, besonders für die Rechte der Frau. Mit dem Gesetz über den Mutter- und Kinderschutz und die Rechte der Frau wurde diese Verantwortung bereits 1950 rechtlich anerkannt und ausgestaltet.[7]

In der ersten Phase der Entwicklung nach 1945 bestand eine wesentliche Seite der Familienpolitik und des Rechts darin, bestimmte, über die Familie geschaffene oder organisierte Abhängigkeiten, die namentlich die Frau und die Kinder betrafen, zurückzudrängen. Doch darin konnte sich die neue Familienpolitik und Rechtsentwicklung nicht erschöpfen. Dies zeigten die sowjetischen Erfahrungen, die Orientierungen der Partei der Arbeiterklasse und eben der Inhalt der durchgeführten Maßnahmen selbst.[8]

Mit diesen Maßnahmen wurden zugleich wesentliche Ansätze für die Grundsätze sozialistischer Familienpolitik und für ein ihr entsprechendes Familienrecht geschaffen. Ein wesentlicher Schritt dafür war die Verordnung über Eheschließung und Eheauflösung[9], eine erste Regelung, die mit der Schaffung der Grundlagen des Sozialismus verbunden war. Diese Gesetzgebung ging auf den Grundlagenvertrag zwischen der UdSSR und der DDR aus dem Jahre 1955 zurück, mit dem die DDR die volle Souveränität erhielt und die Rechtskraft von Kontrollratsgesetzen auf dem Territorium der DDR aufgehoben wurde.[10] (Anders übrigens in der BRD. Dort ist das Ehegesetz des Kontrollrates aus dem Jahre 1946 teilweise noch immer geltendes Recht.)

Die heute die Familienpolitik und das Familienrecht in der DDR tragenden Grundsätze sind die Förderung von Ehe und Familie unter Einschluß ihrer Achtung und ihres Schutzes, die Gleichberechtigung von Mann und Frau als Partner und als Eltern und die Einheit von elterlicher Verantwortung und der Subjektstellung der Kinder. Diese Grundsätze gelten im wesentlichen in allen sozialistischen Ländern. Sie sind in der Verfassung der DDR[11] und im Familiengesetzbuch[12] formuliert und über die Prinzipien der Teilregelungen entsprechend den Bedingungen und Erfahrungen der DDR zu einer Gesamtregelung, die von den Aufgaben der Familie in der sozialistischen Gesellschaft ausgeht, geführt worden.[13]

Die Grundsätze sozialistischen Familienrechts sind außerordentlich stabil und wirken kontinuierlich. Ihre Entwicklung erfolgt besonders durch die weitere inhaltliche Ausformung, so etwa des Gleichberechtigungsgrundsatzes. Die Rechtsarbeit im ganzen ist ein dynamischer Prozeß. Das ergibt sich aus der schnellen Entwicklung der gesellschaftlichen Bedingungen, worin die Familie eingeschlossen ist. Auch vom Recht selbst gehen solche Impulse aus, da sich die Palette seiner Einflußnahme auf die Familie, besonders mit der Sozialpolitik ständig erweitert und Wechselbeziehungen zwischen den verschiedenen Teilen des Rechts entstehen bzw. sich verstärken. Die sich verändernden gesellschaftlichen Voraussetzungen für die Rechtsarbeit bewirken u. a. die Weiterentwicklung der Kriterien der Wirksamkeit des Rechts und die Erfordernisse seiner Konkretisierung. Sie machen die Präzisierung des Inhalts rechtlicher Regelungen, der Prinzipien verschiedener Regelungsbereiche des Familienrechts erforderlich. Sie verändern die Schwerpunkte der Rechtsanwendung, die quantitative und auch qualitative Rolle einzelner Regelungen und bringen Erfordernisse der Weiterentwicklung des Rechts hervor. All das führt zu der Aufgabe, die Rolle des Rechts bei der Verwirklichung der Funktionen der Familie zu untersuchen, gegebenenfalls neu zu bestimmen und die notwendigen Schlüsse für die Rechtsarbeit abzuleiten.

Der grundsätzliche Ansatz für die zu untersuchenden Fragen ist die Theorie der entwickelten sozialistischen Gesellschaft und die Aussage, daß sich der Sozialismus nunmehr auf seinen eigenen Grundlagen entwickelt. Für die wissenschaftliche Arbeit bedeutet das, die These von den eigenen Grundlagen im allgemeinen, auf die Gesellschaft insgesamt bezogen zu erfassen und sie für den jeweiligen Gegenstand zu spezifizieren. So ist es *erstens* notwendig zu klären, welche inhaltliche Entwicklung der rechtlich zu gestaltende Gegenstand innerhalb der entwickelten sozialistischen Gesellschaft genommen hat und mit ihr nimmt und *zweitens* die mit dem Gegenstand spezifisch verbundenen eigenen Grundlagen des Sozialismus zu erfassen.

Zum *ersten:* Es ist wesentlich, daß in der UdSSR und in anderen sozialistischen Ländern, vor allem durch die soziologische Forschung, die Theorie von der Familie im Sozialismus als historisch neuer Familientyp – namentlich unter Herausarbeitung der Funktionen der Familie, ihrer Entwicklung und ihres gesellschaftlichen und persönlichen Wertes – entwickelt werden konnte.[14] Diese Forschungsergebnisse unterstreichen die Perspektive der Familie und ihre wachsende Bedeutung. Dieser Grundgedanke ist in der am Anfang meiner Ausführungen zitierten Aussage des Parteiprogramms der SED zur Rolle der Familie bei der Herausbildung der sozialistischen Lebensweise enthalten und formuliert.

Während von der wachsenden Bedeutung der Familie unter qualitativem Aspekt gesprochen werden kann, gibt es im quantitativen Sinne für eine solche Feststellung beim gegenwärtigen Erkenntnisstand keine Veranlassung. Hier wird im Gegenteil über die weitere Arbeitsteilung zwischen Familie und Gesellschaft eine Entlastung angestrebt. Das zu betonen ist wichtig, weil ungenaue Interpretationen von Aussagen zu den Funktionen der Familie dazu führen können, daß man sich mit dem Leben, mit den Grundrechten und mit den Grundsätzen des Familienrechts im Widerspruch befindet. Das wird in der jüngsten Grundrechtsliteratur deutlich, wo von einer wachsenden Bedeutung der Familie (ohne inhaltliche Kennzeichnung) gesprochen und auf wachsende Aufgaben der Familie geschlossen wird und diese wachsenden Aufgaben dann, wie selbstverständlich, den Frauen zugeordnet werden.[15]

Zum *zweiten:* Zu den eigenen Grundlagen des Sozialismus, die spezifisch die Familie betreffen, gehören die neue Stellung der Frau in der Gesellschaft und in der Familie, ihre volle Integration in die Berufstätigkeit, gehören die Sicherung der ökonomischen Funktion der Familie durch zwei Einkommen, der Wegfall jeglicher Diskriminierung der unverheirateten Mutter und ihres Kindes. Dazu gehören ein umfassendes System der Familienplanung, ein hoher Lebensstandard, die umfassende Wahrnahme gesellschaftlicher Verantwortung für die Sicherung grundlegender Entwicklungsbedingungen aller Kinder und ein System von Maßnahmen zur Förderung der Familie, zum Ausbau ihrer geistig-kulturellen und ihrer materiellen Lebensbedingungen in Ergänzung der Gesamtbedingungen des Sozialismus.[16]

Zurecht haben K. A. Mollnau und R. Svensson gefordert, die Folgerungen für das Recht aus den dem Sozialismus eigenen Grundlagen zu ziehen.[17] Diese Arbeit ist jetzt zu leisten. Zunächst sind die wesentlichen Vermittlungen zu finden. Für das Familienrecht sind sie u. a. in den Wirkungen dieser Grundlagen auf die Beziehungen zwischen den Partnern und in der Familie, auf die Bedingungen und Wirkungen bei der Funktionserfüllung zu sehen. So ist ein wachsendes Bedürfnis nach Familienbeziehungen und ein zunehmendes Anspruchsniveau zu beobachten, sind sich erweiternde ökonomische Beziehungen, umfassende Entscheidungsfreiheiten für alle wesentlichen Belange der Partner und der Familie gegeben. Das Bedürfnis nach Maßstäben dafür ist unverkennbar. Nicht zu übersehen sind ebenso Unsicherheiten auf Grund der Tragweite der Entscheidungen oder auch durch erlebte oder beobachtete Erfahrungen mit Fehlentscheidungen. Die Familienbeziehungen sind frei von Unterordnung und existentieller Abhängigkeit. Doch eine innere Abhängigkeit, die sich auf hohe Erwartungen in der Persönlichkeitsentwicklung bezieht, werden für Mann und Frau bedeutsamer, besonders dann, wenn sie Eltern mehrerer Kinder sind bzw. es sein möchten. Für die Kinder gilt deutlich, daß die Wahrnahme ihrer vielseitigen und umfassenden gesellschaftlichen Entwicklungsmöglichkeiten in hohem Maße von der Familie beeinflußt wird.

Ein weiterer Zugang zu den Wirkungen der dem Sozialismus eigenen Grundlagen auf das Recht in bezug auf die Familienentwicklung ist mit der Analyse der wesentlichen, inzwischen auch anerkannten Widersprüche in diesem Bereich gegeben. Hier geht es besonders um den Widerspruch zwischen den beruflichen und gesellschaftlichen sowie familialen Aufgaben und Interessen der Eltern, besonders der Mütter, zwischen der Liebe als Grundlage der Paarbeziehung, der Persönlichkeitsentwicklung und Dynamik der Beziehung und den Erfordernissen und Erwartungen in bezug auf ihre Stabilität, ja, ihre Lebenszeitlichkeit. Zu nennen ist hier auch die Dialektik von Gleichheit und Ungleichheit zwischen den Familien, zwischen Mann und Frau in der Familie und zwischen den Kindern verschiedener Familien entsprechend dem erreichten Stand der Entwicklung.

Ein weiterer Schritt von den Grundlagen der gesellschaftlichen Entwicklung zum Recht und seiner Entwicklung ist nicht zuletzt über die Analyse der Wirksamkeit des geltenden Rechts möglich, wobei, wie bereits betont, die Kriterien der Wirksamkeit immer wieder geprüft und verdeutlicht werden müssen.

Von diesen grundlegenden Zusammenhängen zwischen der gesellschaftlichen Entwicklung, der der Familie und der des Rechts sind die weiteren Forschungsaufgaben abzuleiten. Sie müssen zum einen die Rolle des Rechts für die Stabilität der Familie und bei fehlender Stabilität aufgreifen und sich den einzelnen Funktionen der Familie zuwenden. In bezug auf die ökonomische Funktion ist besonders der Zusammenhang zwischen Sozialpolitik und Versorgungspflichten, zwischen Leistungsprinzip und der Haltung zur Ehe und ihren eigentumsrechtlichen Wirkungen von Bedeutung.

In bezug auf die Erziehung der Kinder spielen Fragen, die mit zunehmender Selbsterziehung verbunden sind oder solche, die mit vorhandener oder fehlender Stabilität elterlicher Bindungen und mit Partnerwechsel im Zusammenhang stehen, eine große Rolle. Eine außerordentlich wichtige Frage ist die der Leitung der Familienpolitik speziell im Territorium und die rechtliche Umsetzung der Erkenntnis, daß Familie nicht eine Summe von Individuen, sondern ein relativ selbständiges Subjekt sozialistischer Lebensweise ist.

Die Palette der Fragestellungen, die sich im einzelnen ergibt, kann hier nicht dargestellt werden. Immer geht es um das Verhältnis von zunehmender Selbständigkeit der Bürger und wachsendem Anspruchsniveau an den Inhalt der Beziehungen zu den Erfordernissen und Möglichkeiten rechtlicher Einflußnahme mit dem Ziel der vollen Entfaltung der Potenzen der Familie, die sie für die Persönlichkeitsentwicklung des einzelnen wie für die weitere Gestaltung der entwickelten sozialistischen Gesellschaft einzubringen vermag.

Anmerkungen

1 Programm der SED, Berlin 1976, S. 73.
2 Vgl. H. Kuhrig, Gleichberechtigung der Frau – von der Forderung zur Erfüllung, in: Einheit 4/5 1985, S. 419, insbesondere auch die Anmerkungen.
3 Vgl. Dokumente der SED, Bd. I, Berlin 1952, S. 8, 24, 33ff.
4 Verordnung betreffend die Übertragung von familienrechtlichen Streitigkeiten in die Zuständigkeit der Amtsgerichte vom 12. Dezember 1948, ZVOBL, S. 325.
5 Vgl. Art. 6, 30–33 und 144 der Verfassung der Deutschen Demokratischen Republik vom 7. Oktober 1949; Gesetz des Landes Sachsen vom 31. Mai 1946 zur Demokratisierung der Schule, in: Gesetze, Befehle, Bekanntmachungen des Landes Sachsen 1946, Nr. 15, S. 218.
6 Vgl. Ju. Koroljow, Die Leninschen Ideen in der sowjetischen Familiengesetzgebung, in: Neue Justiz 5/1970, S. 142ff.
7 Gesetz über den Mutter- und Kinderschutz und die Rechte der Frau vom 27. September 1950, GBl. Nr. 111, S. 1037.
8 Vgl. O. Grotewohl, Rede in der Volkskammer der DDR zum Gesetz über den Mutter- und Kinderschutz und die Rechte der Frau vom 27. September 1950, in: O. Grotewohl, Reden und Aufsätze, Bd. II, Berlin, S. 188ff.

9 Verordnung über Eheschließung und Eheauflösung vom 24. November 1955, GBl. I, S. 849.

10 Vgl. H. Ostmann, Die Verordnung über Eheschließung und Eheauflösung, in: Neue Justiz 23/1955, S. 725.

11 Verfassung der Deutschen Demokratischen Republik vom 6. April 1968 in der Fassung des Gesetzes zur Ergänzung und Änderung der Verfassung der Deutschen Demokratischen Republik vom 7. Oktober 1974, Berlin 1974.

12 Familiengesetzbuch der Deutschen Demokratischen Republik vom 20. Dezember 1965, GBl. I Nr. 1, S. 19.

13 Vgl. A. Grandke zu den Grundsätzen des Familienrechts, in: Staat und Recht 11/1985, S. 909ff.

14 Vgl. Autorenkollektiv, Zur gesellschaftlichen Stellung der Frau in der DDR, Leipzig 1978, S. 64ff. und S. 229ff.

15 Vgl. Autorenkollektiv, Politische und persönliche Grundrechte, Berlin 1984, S. 148.

16 Vgl. A. Grandke, Familienförderung als gesellschaftliche und staatliche Aufgabe, Berlin 1981.

17 Vgl. K. A. Mollnau/R. Svensson, Zur theoretischen Analyse der rechtlichen Regelungsprozesse im entwickelten Sozialismus, in: Staat und Recht 3/1985, S. 231ff.

Karl-Heinz Röder

Traditionen der Analyse und Kritik des imperialistischen Staates und Rechts und der bürgerlichen Staats- und Rechtsauffassungen und nächste Aufgaben auf diesem Gebiet

Der 40. Jahrestag der Befreiung des deutschen Volkes vom Faschismus ist ein besonderer Anlaß, einige Traditionen der Analyse und Kritik des imperialistischen Staates und Rechts und der bürgerlichen Staats- und Rechtslehren hervorzuheben, die wir bewahren und weiterentwickeln und der künftigen Generation von Staats- und Rechtswissenschaftlern der DDR weitergeben sollten.

Erstens. Die Auseinandersetzung mit dem imperialistischen Staat und Recht und der bürgerlichen Staats- und Rechtslehre bildete sich von Beginn an im engsten Zusammenhang mit den Anforderungen des Aufbaus einer antifaschistisch-demokratischen und sozialistischen Ordnung heraus. Sie war niemals losgelöst von den politischen, ideologischen und auch ökonomischen Bedingungen der Durchsetzung der neuen gesellschaftlichen Machtverhältnisse in der DDR. Das aber bedeutete angesichts des faschistischen Erbes und des Nachwirkens bzw. Reaktivierens bürgerlicher Staats- und Rechtsauffassungen die grundsätzliche Abgrenzung von allem bürgerlichen einschließlich reformistischen und revisionistischen Denken. Bekanntlich hatte in der bürgerlichen deutschen Staats- und Rechtslehre seit den letzten Jahrzehnten des 19. Jahrhunderts der Positivismus und Normativismus tiefe Wurzeln geschlagen, Forschung und Lehre an den Universitäten und die Denkweise ganzer Generationen von Juristen beherrscht. Zugleich waren noch auf Lassalle, Kautsky und Bernstein zurückgehende opportunistische und revisionistische Staats- und Rechtsauffassungen, insbesondere in Gestalt parlamentarischer und rechtsstaatlicher Illusionen, wirksam. Die Beantwortung der Frage, wie der neue Staat und das neue Recht beschaffen sein sollten, um im Dienste des Volkes zu stehen, war aufs engste mit der Einstellung zu den Lehren verbunden, die aus der politischen und staatlichen sowie geistesgeschichtlichen Entwicklung der zurückliegenden Jahrzehnte zu ziehen waren.

Diese Lehren betrafen aber nicht nur die Vergangenheit, sondern reichten auch unmittelbar in die Gegenwart hinein; vollzog sich doch zugleich in den damals von den imperialistischen Besatzungsmächten besetzten Zonen die Restauration jener ökonomischen und politischen Machtverhältnisse, aus denen in den 30er Jahren der Faschismus hervorgegangen war. Dort sollte, wie es hieß, die faschistische Vergangenheit durch die Rückkehr zur bürgerlich-parlamentarischen Republik Weimarer Prägung bewältigt werden. Wie sich erwies, war dies nichts anderes als die staatsideologische Wegbereitung für die Wiederherstellung der Klassenherrschaft der Monopolbourgeoisie, die mit der Gründung der BRD im Jahre 1949 ihre staatliche Gestalt erhielt.

Aber nicht nur das. Mit dem Wiedererstehen seiner ökonomischen und politischen Herrschaft führte der Imperialismus der BRD einen äußerst harten Kampf gegen den wirklichen Neubeginn in der DDR, einen Kampf, der von Anfang an darauf gerichtet war, die antifaschistisch-demokratische und sozialistische Umgestaltung wieder rückgängig zu machen. Dieser Kampf wurde nicht nur mit allen ökonomischen und politischen, sondern auch mit allen ideologischen Waffen geführt. Dem mit aller Entschiedenheit entgegenzutreten, war eine Existenzfrage für die neue Gesellschafts- und Staatsordnung in der DDR und zugleich eine Frage der Friedenssicherung. Diese äußerst angespannte, konkret-historische Situation des Klassenkampfes auf deutschem Boden mußte auch in und ganz besonderer Weise den Inhalt sowie die Formen und Methoden der Auseinandersetzung mit Staat und Recht im Imperialismus und den bürgerlichen Staats- und Rechtsauffassungen bestimmen. Wenn man heute die damaligen juristischen Fachzeitschriften und andere Literatur nachliest, wird man feststellen, daß die politische Wertung und die weltanschaulich-theoretische Überzeugungskraft nicht immer in einem optimalen Verhältnis zueinander gestanden haben. Das war jedoch in einer Zeit, in der sich die marxistisch-leninistische Weltanschauung in einem komplizierten Prozeß in der Staats- und Rechtswissenschaft der DDR durchsetzte, offensichtlich auch nicht anders möglich.

Unübersehbar aber ist, daß sich das weltanschaulich-theoretische Niveau der Auseinandersetzung in dem Maße entwickelte, wie die Lehren von K. Marx, F. Engels und W. I. Lenin über den bürgerlichen und imperialistischen Staat und sein Recht sowie die bürgerliche Staats- und Rechtsideologie und ihre Anwendung in den grundlegenden Materialien der internationalen kommunistischen und Arbeiterbewegung zur wissenschaftlichen Grundlage der Analyse und Kritik imperialistischer Praxis und bürgerlicher Ideologie wurden. Richtungweisend waren in jener Zeit die völker- und strafrechtlichen sowie rechtsphilosophischen Arbeiten von A. Baumgarten[1] sowie die staats- und verfassungstheoretischen Arbeiten von K. Polak. Hervorzuheben sind besonders K. Polaks Schrift „Marxismus und Staatslehre“[2], die bereits 1947, mit einem Geleitwort Otto Grotewohls versehen, erschienen ist sowie auch seine verfassungstheoretischen und -rechtlichen Schriften der Jahre 1948 bis 1952, in denen mit der Begründung des antifaschistisch-demokratischen Wesens der ersten Verfassung der DDR eine kritische wissenschaftliche Analyse der Weimarer Verfassung, ihrer Errungenschaften und Mängel, wie überhaupt des Verfassungsproblems in der geschichtlichen Entwicklung des bürgerlichen Deutschlands vorgenommen worden ist.[3] Neben seinen unveröffentlichten Vorlesungen über die Entwicklung der Lehre vom Staat in der Geschichte der Klassengesellschaft hat uns K. Polak auch einige – leider nur wenige – Arbeiten zu bürgerlichen Staats- und Rechtsideologien des 20. Jahrhunderts hinterlassen, die nützliche Hinweise einer wissenschaftlichen Auseinandersetzung mit dem jüngeren bürgerlichen Erbe enthalten. So hat er mit der notwendigen schonungslosen Kritik C. Schmitts als Staatstheoretiker des deutschen Faschismus differenzierte Einschätzungen des bürgerlichen Staats- und Verfassungsrechtlers H. Preuß und des Soziologen und Politökonomen M. Weber als geistige Väter der Weimarer Verfassung vorgenommen.[4] Der Aufsatz über C. Schmitt stammt aber bekanntlich aus dem Jahre 1935 und seither ist, von der Kritik einzelner Seiten der Lehre Schmitts abgesehen, keine umfassende marxistische Analyse einschließlich ihrer bis heute reichenden Wirkung in der Entwicklung des imperialistischen Staates und Rechts erfolgt. Ohne Zweifel ist aber C. Schmitt einer der einflußreichsten bürgerlichen Staatstheoretiker des 20. Jahrhunderts, der seine Dienste den reaktionärsten Kräften zur Verfügung gestellt hat. Es geht nicht an, die Auseinandersetzung mit C. Schmitt, E. Forsthoff und anderen reaktionären konservativen und faschistischen deutschen Staats- und Rechtswissenschaftlern der bürgerlichen Wissenschaft zu überlassen, wie das noch weitgehend der Fall ist. Das betrifft aber gleichermaßen auch die geschichtliche Bewertung eines solchen Staats- und Rechtswissenschaftlers wie H. Heller, der sich von sozialdemokratischen und bürgerlich-liberalen Positionen gegen den aufkommenden Faschismus wandte und ihn mit den Mitteln seiner Wissenschaft bekämpfte. Anläßlich des 50. Todestages von H. Heller im Jahre 1983 haben sich allerdings W. Abendroth und G. Haney von marxistischen Positionen zu H. Heller geäußert.[5]

Zweitens. Was für die Staats- und Rechtswissenschaft der DDR insgesamt gilt, trifft auch für die Auseinandersetzung mit der bürgerlichen Staats- und Rechtslehre und imperialistischer Staats- und Rechtspraxis zu: Die Ergebnisse und Erfahrungen der sowjetischen Staats- und Rechtswissenschaft waren und sind unverzichtbarer Bestandteil der Arbeit auch auf diesem Gebiet. D. A. Kerimows frühe Publikation über den Revisionismus in der Staatslehre[6], V. A. Tumanows Schriften zur Analyse und Kritik bürgerlicher Rechtsideologie[7] und später V. E. Gulievs Veröffentlichungen über den imperialistischen Staat[8] haben neben zahlreichen anderen Beiträgen wesentliche Orientierungen und Anstöße für die Forschung auf diesem Gebiet in der DDR gegeben. Aber welche Entwicklung hat sich hier vollzogen! Haben uns sowjetische Wissenschaftler einst geholfen, die ersten Schritte auf dem Wege eigener wissenschaftlicher Produktion auf dem internationalen Parkett zu gehen, so sind wir heute geachtete Partner der Zusammenarbeit und durch vielfältige, stabile Arbeitskontakte miteinander verbunden. Es wird eine kontinuierliche Arbeit in der Orientierung und Koordinierung der Auseinandersetzung mit bürgerlichen Staats- und Rechtsauffassungen und der imperialistischen Staats- und Rechtspraxis geleistet. Davon zeugen auch eine Reihe von Veröffentlichungen.[9]

Drittens. Es gehört zu den guten und weiterzuführenden Traditionen der Staats- und Rechtswissenschaft der DDR, daß die Auseinandersetzung mit der bürgerlichen Staats- und Rechtslehre und Staats- und Rechtspraxis von Beginn an als unverzichtbare Aufgabe der theoretischen Arbeit aller Rechtszweige verstanden worden ist. Die Herausbildung der theoretischen Grundlagen der Staats- und Rechtstheorie, des Staats-, Zivil-, Straf- und Arbeitsrechts usw. erfolgte als eine Gesetzmäßigkeit der Entstehung und Entwicklung der marxistisch-leninistischen Wissenschaft, in Überwindung bürgerlicher Kategorien und Denkweisen und in Auseinandersetzung mit bürgerlichen Angriffen auf den neuen, antifaschistisch-demokratischen und sozialistischen Staat und sein Recht. Das zeigt sich besonders deutlich in solchen Arbeiten, an denen keine Geschichte der marxistisch-leninistischen Staats- und Rechtswissenschaft der DDR vorbeigehen kann, wie H. Klenners Schrift „Der Marxismus-Leninismus über das Wesen des Rechts"[10], P. A. Steinigers engagierte staats- und verfassungsrechtlichen Analysen zur Weimarer Republik und zur BRD[11], H. Gerats Auseinandersetzung mit den Strafrechtsauffassungen H. Welzels[12], J. Rennebergs Kritik der Strafrechtslehre von F. Lizts[13] sowie H. Kleines zivilrechtliche Arbeit über „Die historische Bedingtheit der Abstraktion von der Causa"[14]. Es können hier nur einige Arbeiten genannt werden. Sie zeigen jedoch, daß die Abgrenzung zu und die Auseinandersetzung mit bürgerlichen Auffassungen in der Phase der Herausbildung der marxistisch-leninistischen Staats- und Rechtswissenschaft in der DDR besonders intensiv gewesen ist und angesichts der historischen Bedingungen auch hat sein müssen. Es hat den Anschein, daß diese Auseinandersetzung in der Folgezeit in den einzelnen Rechtszweigen nicht mehr in dieser Intensität geführt worden ist. Das könnte damit zusammenhängen, daß sich die Rechtszweige mehr den staats- und rechtswissenschaftlichen Fragen der auf ihren eigenen ökonomischen, politischen und geistigen Grundlagen entwickelnden sozialistischen Gesellschaft zugewandt haben. Es ist richtig, festzustellen, daß die Errungenschaften der Staats- und Rechtsordnung der entwickelten sozialistischen Gesellschaft und die inzwischen ausgearbeiteten theoretischen Grundlagen des sozialistischen Staates und Rechts neue und größere Möglichkeiten der Auseinandersetzung mit der imperialistischen Staats- und Rechtspraxis sowie bürgerlichen Staats- und Rechtsideologie bieten. Das bedeutet jedoch nicht, daß diese Auseinandersetzung damit einfacher und leichter zu betreiben ist. Die Auseinandersetzung mit Staat und Recht des Imperialismus und der bürgerlichen Staats- und Rechtsideologie vom Boden der entwickelten sozialistischen Gesellschaft, ihrem Staat und Recht her zu führen, stellt vielmehr entschieden höhere Anforderungen an das theoretische Niveau und die Methodologie der Analyse und Kritik. Angesichts der Verschärfung der ideologischen Auseinandersetzung zwischen Sozialismus und Imperialismus im internationalen Maßstab wäre es geboten, diese Fragen umfassender zu diskutieren.

Selbständige Forschungen zur Analyse und Kritik bürgerlicher Staats- und Rechtsideologie und Staats- und Rechtspraxis werden seit den 60er und verstärkt seit den 70er Jahren im Rahmen der Staats- und Rechtstheorie und des Staatsrechts kapitalistischer Staaten betrieben. Es ist vor allem R. Meister, dessen Monographie „Das Rechtsstaatsproblem in der westdeutschen Gegenwart"[15] noch immer ein Standardwerk darstellt, und W. Menzel zu danken, daß sich in der DDR der Wissenschaftszweig Staatsrecht kapitalistischer Staaten herausgebildet hat, der in Forschung und Lehre unseres Landes einen wichtigen Platz einnimmt. Das von W. Menzel, R. Meister und E. Lieberam herausgegebene Lehrbuch „Staatsrecht bürgerlicher Länder"[16] hat internationale Beachtung gefunden. Mit dem Lehrbuch und anderen Publikationen wurde von der in den 50er und 60er Jahren nahezu ausschließlichen Orientierung der Forschung auf die staatliche und staatsrechtliche Entwicklung in der BRD abgegangen und der Untersuchungsgegenstand auch auf andere imperialistische Länder ausgedehnt. Selbstverständlich muß die Staats- und Rechtsentwicklung und Staats- und Rechtsideologie in der BRD auch weiterhin ein Schwerpunkt der Forschung bleiben. Um jedoch unsere Erkenntnisse über das Wirken allgemeiner Gesetzmäßigkeiten und über das Allgemeine, Besondere und Einzelne im bürgerlichen Staat und Recht und in der bürgerlichen Staats- und Rechtsideologie zu vertiefen, sind Untersuchungen über andere kapitalistische Länder erforderlich. Das entspricht im übrigen auch den heutigen Anforderungen an die Lehre, den Studierenden Grundkenntnisse des Staats- und Verfassungsrechts sowie im weiteren Sinne der politischen Systeme kapitalistischer Länder zu vermitteln.

Ein wissenschaftlicher Nachholebedarf besteht jedoch hinsichtlich der Einschätzung der bürgerlichen Staatsrechtslehre des ausgehenden 19. und des 20. Jahrhunderts. Von verdienstvollen Einzelarbeiten abgesehen, fehlt es an systematischen Untersuchungen.

Seit einigen Jahren werden Forschungen zu den politischen Systemen der imperialistischen Hauptländer betrieben. Damit ist der Gegenstand unserer Arbeit in zweifacher Weise erweitert worden; sowohl unter inhaltlichen Gesichtspunkten als auch vom quantitativen Umfang her. Was die inhaltliche Seite betrifft, so hat es eine Reihe von Vorteilen, die Forschungen über den Staat hinaus, der weiterhin im Mittelpunkt stehen muß, auf das gesamte politische System des Imperialismus auszudehnen. Das bietet die Möglichkeit, den Mechanismus der Umsetzung der ökonomischen Macht der Monopole in politische Macht und in die Politik des Staates genauer aufzudecken, nicht nur das Zusammenwirken, sondern auch die Widersprüche zwischen dem Staat und anderen Elementen des politischen Systems wie den bürgerlichen Parteien, den Unternehmerverbänden, den Massenmedien usw. bei der Ausbildung politischer Herrschaft gründlicher nachzuweisen und schließlich das Hineinwirken der Klassengegensätze und Klassenauseinandersetzungen in das politische System im allgemeinen und den Staat im besonderen zu analysieren. Damit wird auch zum genaueren Erfassen der Lage und Kampfbedingungen der Arbeiterklasse in diesen Ländern beigetragen.

Es hat sich auch gezeigt, daß die Forschungen zum politischen System des Imperialismus echte Möglichkeiten einer interdisziplinären Zusammenarbeit bieten, sowohl im Rahmen der Staats- und Rechtswissenschaft als auch über die Staats- und Rechtswissenschaft hinaus. So haben sich im Zusammenhang mit diesen Forschungen Arbeitsbeziehungen zu Philosophen, Historikern, Politökonomen, Länderwissenschaftlern und Imperialismusforschern entwickelt. Das verwischt unseren eigenen Gegenstand nicht, sondern trägt im Gegenteil dazu bei, unsere eigene Forschungsarbeit in Gegenstand und Aussage zu präzisieren.

Die Arbeiten zu den politischen Systemen des Imperialismus sollen neben der Sachinformation, für die, wie sich gezeigt hat, ein großes Bedürfnis besteht, die empirische Basis für die Aussagen über den heutigen imperialistischen Staat und sein Recht und das politische System der Monopolherrschaft verbreitern. Das ist notwendig, weil nur so Schlüssiges über Allgemeines, Besonderes und Einzelnes in der Entwicklung von Staat, Recht und politischem System des Imperialismus gesagt werden kann. Die allgemeinen Gesetzmäßigkeiten kapitalistischer bzw. imperialistischer Staats- und Rechtsentwicklung setzen sich unter sehr unterschiedlichen historischen Bedingungen in den betreffenden Ländern und Regionen durch, und dabei spielt auch das Einzelne eine nicht geringe Rolle. Daher kommt auch der Geschichte der Herausbildung und Entwicklung des Staates und des politischen Systems zumindest seit der bürgerlichen Revolution große Bedeutung zu, weil ohne diese Geschichte die Gegenwart nicht zu verstehen ist. Zu verweisen sind auf die Arbeiten zum politischen System der USA[17] als der imperialistischen Hauptmacht und zum politischen System Großbritannien[18] als dem klassischen Land des Kapitalismus, in dem sich solche charakteristischen Merkmale der Kapitalherrschaft wie der bürgerliche Parlamentarismus, das bürgerliche Parteienwesen und der Mythos von der „Herrschaft des Rechts" herausgebildet haben.

Diese und andere Institutionen dienten bekanntlich als Modell für die Kapitalherrschaft in zahlreichen anderen Ländern, nicht zuletzt auch in den Entwicklungsländern kapitalistischer Orientierung — und zum politischen System der BRD[19] als einem Land mit entwickeltem staatsmonopolistischem Kapitalismus, das auf Grund seiner Stellung im kapitalistischen System, seiner Lage am Schnittpunkt von Sozialismus und Imperialismus in Europa und seines inneren Klassenkräfteverhältnisses auf besondere Weise mit den Veränderungen der ökonomischen und politischen Bedingungen des Imperialismus konfrontiert ist.

Anmerkungen

1 Vgl. A. Baumgarten, Rechtsphilosophie auf dem Wege, Vorträge und Aufsätze aus fünf Jahrzehnten. Hrsg. H. Baumgarten, G. Irrlitz, H. Klenner, Berlin 1972.

2 Vgl. K. Polak, Marxismus und Staatslehre, Berlin 1947.

3 Vgl. K. Polak, Die Weimarer Verfassung, ihre Errungenschaften und Mängel, Berlin 1952.
4 Vgl. K. Polak, Reden und Aufsätze, Berlin 1968, S. 181ff.
5 Vgl. W. Abendroth, Die Funktion des Politikwissenschaftlers und Staatsrechtslehrers Hermann Heller in der Weimarer Republik und in der Bundesrepublik Deutschland; G. Haney, Zum Hegelverständnis Hermann Hellers, in: Ch. Müller, I Staff (ed) Der soziale Rechtsstaat, Baden-Baden 1984, S. 213ff. und S. 467ff.
6 Vgl. D. A. Kerimow, Staatslehre und Revisionismus. Die marxistisch-leninistische Lehre vom Wesen des Staates und der moderne Revisionismus, Berlin 1959.
7 Vgl. V. A. Tumanow, Bürgerliche Rechtsideologie, Berlin 1975.
8 Vgl. V. E. Guliev, Die Demokratie und der gegenwärtige Imperialismus. Abriß der Theorie des kapitalistischen Staates und der politischen Organisation der bürgerlichen Gesellschaft, Berlin 1972; V. E. Guliev, Der imperialistische Staat in der Gegenwart, Berlin 1976.
9 Vgl. Autorenkollektiv, Die Krise der bürgerlichen Demokratie und der bürgerlichen Demokratielehren in der Gegenwart, 2 Bde., Berlin 1978; Autorenkollektiv, Das bürgerliche Parteiensystem, Berlin 1980; Die bürgerlichen Staatsformen im Imperialismus, 2 Bde., Berlin 1982 sowie Autorenkollektiv, Die bürgerliche Gewaltenteilung Theorie, Gesetzgebung und Praxis, Berlin 1985.
10 Vgl. H. Klenner, Der Marxismus-Leninismus über das Wesen des Rechts, Berlin 1954.
11 Vgl. P. A. Steininger, Das Blocksystem, Beitrag zu einer demokratischen Verfassungslehre, Berlin 1949; P. A. Steininger, Eine realistische Verfassung, in: Neue Justiz, 1948, S. 241ff.; P. A. Steininger, Zwei Verfassungsentwürfe, in: Neue Justiz, 1949, S. 49ff.
12 Vgl. H. Gerats, Die Lehre vom Objekt des Verbrechens, in: Schriftenreihe, Berlin 1955; Autorenkollektiv. Lehrbuch Strafrecht, Berlin 1957, S. 121ff.
13 Vgl. J. Renneberg, Die kriminalsoziologischen und kriminalbiologischen Lehren und Strafrechtsvorschläge Liszts und die Zerstörung der Gesetzlichkeit im bürgerlichen Strafrecht, in: Schriftenreihe Strafrecht, Berlin 1956; Autorenkollektiv Strafrecht, Berlin 1956; Autorenkollektiv Lehrbuch Strafrecht, Berlin 1957, S. 121ff.
14 Vgl. H. Kleine, Die historische Bedingtheit der Abstraction von der Causa, Berlin 1953.
15 Vgl. R. Meister, Das Rechtsstaatsproblem in der westdeutschen Gegenwart. Funktion und Wandel der bürgerlichen Rechtsstaatsideologie in Deutschland und der Weg zum demokratischen und sozialen Rechtsstaat in der Bundesrepublik, Berlin 1966.
16 Vgl. Autorenkollektiv, Staatsrecht bürgerlicher Staaten, Lehrbuch, Berlin 1980.
17 Vgl. Autorenkollektiv, Das politische System der USA, Geschichte und Gegenwart, Berlin 1980.
18 Vgl. Autorenkollektiv, Das politische System Großbritanniens. Von der englischen bürgerlichen Revolution bis zur Gegenwart. Berlin 1982.
19 Vgl. Autorenkollektiv, Das politische System der BRD, Geschichte und Gegenwart, Berlin 1985.

Autorenverzeichnis

Prof. Dr. sc. Erich Buchholz
Humboldt-Universität zu Berlin

Prof. Dr. sc. Joachim Göhring
Humboldt-Universität zu Berlin

Prof. Dr. sc. Anita Grandke
Humboldt-Universität zu Berlin

Prof. Dr. sc. Richard Hähnert
Karl-Marx-Universität, Leipzig

Prof. Dr. habil. Frithjof Kunz
Akademie für Staats- und Rechtswissenschaft der DDR

Prof. Dr. Karl A. Mollnau
Akademie der Wissenschaften der DDR

Prof. Dr. sc. Karl-Heinz Röder
Akademie der Wissenschaften der DDR

Prof. Dr. Karl-Heinz Schöneburg
Akademie der Wissenschaften der DDR

Prof. Dr. Wolfgang Weichelt
Akademie der Wissenschaften der DDR

ABHANDLUNGEN DER AKADEMIE DER WISSENSCHAFTEN DER DDR

Abteilung Veröffentlichungen der Wissenschaftlichen Räte

Aus den Tagungen des Rates für staats- und rechtswissenschaftliche Forschung der Akademie der Wissenschaften der DDR erschienen Veröffentlichungen

Jahrgang 1980

Nr. 1 Staat – Recht – wissenschaftlich-technischer Fortschritt
1980, 83 Seiten – Gr. 8° – 9,– M
Bestell-Nr. 753 842 2 (2001/80/1/W)

Jahrgang 1981

Nr. 1 Staat, Recht und sozialistische Volkswirtschaft
1981, 65 Seiten – Gr. 8° – 6,50 M
Bestell-Nr. 753 936 1 (2001/81/1/W)

Nr. 4 Die Herausbildung und Entwicklung junger Nationalstaaten – Tendenzen ihrer Verfassungsentwicklung
1981, 87 Seiten – Gr. 8° – 8,50 M
Bestell-Nr. 753 969 5 (2001/81/4/W)

Jahrgang 1982

Nr. 1 Grundprobleme der rechtlichen Verantwortlichkeit
1982, 70 Seiten – Gr. 8° – 8,50 M
Bestell-Nr. 754 031 1 (2001/82/1/W)

Jahrgang 1983

Nr. 1 Zur Rechtsentwicklung im Prozeß sozialistischer ökonomischer Integration
1983, 64 Seiten – Gr. 8° – 6,– M
Bestell-Nr. 754 254 4 (2001/83/1/W)

Nr. 2 Rechtswissenschaft und Gesetzgebung
1983, 70 Seiten – Gr. 8° – 7,50 M
Bestell-Nr. 754 255 2 (2001/83/2/W)

Nr. 3 Ökonomische Strategie der 80er Jahre und Effektivität des Wirtschaftsrechts
1983, 47 Seiten – Gr. 8° – 7,50 M
Bestell-Nr. 754 306 1 (2001/83/3/W)

Jahrgang 1985

Nr. 2 Erfahrungen bei der Anwendung des Zivilgesetzbuches in der Praxis
1985, 48 Seiten – Gr. 8° – 4,50 M
Bestell-Nr. 754 548 9 (2001/85/2/W)

ISBN 3-05-000531-9
ISSN 0138-421X

FSC
www.fsc.org
MIX
Papier | Fördert gute Waldnutzung
FSC® C083411

Kolibri 360 GmbH
Ferdinand-Jühlke-Straße 7
99095 Erfurt, Deutschland
produktsicherheit@kolibri360.de